Gerhard Sturm
Leben auf Feld und Wiese

Geliebte Natur
Band 3

Gerhard Sturm, 1921 in Basel geboren, hat den Beruf des Kaufmanns erlernt. Nach kurzer Tätigkeit auf einer Bank ist er in die Verwaltung der Universität Basel eingetreten und hat dort während nahezu vierzig Jahren das Amt des Quästors versehen. Im Kontakt mit Studenten und Dozenten und in der Teilnahme an botanischen und zoologischen Exkursionen hat er sein naturkundliches Wissen erworben. Goethe, Rudolf Steiner und deren Nachfolger haben ihm den Weg zu einer vertieften Naturbetrachtung gewiesen. Im Bestreben, seine Entdeckerfreuden mit anderen zu teilen, andere für die Schönheiten der Natur zu begeistern und zu eigener Beobachtung anzuregen, hat er zahlreiche Aufsätze publiziert und viele Diavorträge gehalten.

Gleichzeitig mit diesem Buch erschien:

Leben im Gebirge

Bereits erschienen sind:

Leben am Wasser
Leben im Wald

Gerhard Sturm

Leben auf Feld und Wiese

Verlag Freies Geistesleben

CIP-Titelaufnahme der Deutschen Bibliothek:

Sturm, Gerhard:
Leben auf Feld und Wiese / Gerhard Sturm. –
Stuttgart: Verlag Freies Geistesleben, 1991
(Geliebte Natur, Bd. 3)

ISBN 3-7725-1120-1

NE: GT

Umschlagfoto: Gerhard Sturm: Wiesensalbei und Honigbiene

Druck: Greiser, Rastatt

Inhalt

Vorwort 7
Orchideen 9
Die Weinbergschnecke 15
Die Tigerspinne 19
Die Gottesanbeterin 25
Der Feld-Sandlaufkäfer 32
Das Tagpfauenauge 36
Blütenpflanze und Schmetterling 41
Wiesensalbei und Honigbiene 46
Der Hornissenschwärmer 49
Das Kleine Nachtpfauenauge 54
Die Raupe mit dem Gabelschwanz 58
Die Blattschneiderbiene 64
Die Zweifarbige Mauerbiene und ihr Schneckenhaus 68
Die Pillenwespe 72
Der Bienenwolf 76
Tips für die Beobachtung 82
Beobachtungskalender 83
Naturphotographie 84
Literatur 86
Erklärung der Fachausdrücke 87
Artenverzeichnis 88

Vorwort

Ursprünglich waren die gemäßigten Zonen unserer Erde von Wald bedeckt. In tiefen Lagen herrschte der Laub-, in hohen der Nadelwald vor. Feld und Wiese, mit deren Leben wir uns hier befassen wollen, sind also dem Wald abgerungen und somit keine Natur-, sondern Kulturlandschaften.

Bis zu Beginn der Jungsteinzeit sind unsere Vorfahren in kleinen Verbänden als Jäger und Sammler durch die «Grünen Hallen» gezogen. Sie haben ein unstetes Wanderleben geführt. Erst mit der Erfindung und Vervollkommnung von Steinbeil, Hacke und Pflug (durch die ja die Jungsteinzeit gekennzeichnet ist) haben unsere Ahnen angefangen, den Wald zu roden und sich von der Jagd auf die V ehzucht, vom Pflanzensammeln auf den Ackerbau umzustellen. Jetzt ist der Mensch zunehmend seßhaft geworden. Je stärker die neue Lebensweise um sich gegriffen hat, desto mehr Weideland und um so größere Pflanzflächen mußten geschaffen werden.

Noch bis ins Mittelalter ist das dem Wald abgerungene Kulturland nicht oder nur wenig gedüngt worden. Auf wasserdurchlässigen Böden konnten sich trockene Magerwiesen bilden. Für viele Pflanzen und Tiere, die zuvor in felsigem Gelände oder auf kleinen Waldlichtungen ein karges Dasein gefristet hatten, sind die von Menschenhand geschaffenen Magerwiesen zu einem idealen Biotop geworden. Auf den mageren Böden hat sich eine artenreiche Lebensgemeinschaft gebildet, von der Jakob Boehme sagt: «Du findest kein Buch, wo du der göttlichen Weisheit mehr inne würdest, als wenn du auf eine grünende, blühende Wiese gehst. Da wirst du die wunderbare Kraft Gottes sehen, schmecken und fühlen.»

Aus der mittelalterlichen Boden*nutzung* ist in der Neuzeit eine Boden*ausbeutung* geworden. Infolge der zunehmenden Verknappung und Verteuerung des Pflanz- und Weidelandes ist der moderne Bauer bestrebt, aus immer kleiner werdenden Flächen einen immer größeren Ertrag herauszuwirtschaften. Durch intensive Düngung des Bodens hat er das anvisierte Ziel erreicht: Die einst mageren Wiesen sind fett geworden.

Auf den Fettwiesen blieb nun aber kein Platz für wilde Tiere, und der «blühende Garten Eden» des Jakob Boehme mußte einem Einheitsgrün weichen.

Der von den Naturfreunden vieler Länder Europas angestrebte Pflanzen- und Tierschutz ist – wie die erwähnten Ursachen des Artenrückganges zeigen – nur über einen umfassenden Landschaftsschutz zu erreichen.

Was kann hier der Einzelne tun? Er kann den ideellen und praktischen Wert naturnaher Landschaften aufzeigen, ein Inventar der schützenswerten Gebiete erstellen und dann zusammen mit allen Beteiligten nach Mitteln und Wegen für die Verwirklichung des geplanten Vorhabens suchen. Da bekanntlich die Taten dem Denken folgen und das bisherige Denken weit mehr zur Zerstörung als zum Schutz der Natur geführt hat, werden wir aber mit unseren Bemühungen bei diesem kritischen Punkt beginnen müssen.

Wie sieht denn das heute in der Biologie vorherrschende Denken aus? Es präsentiert uns die Natur – bildhaft gesprochen – als ein Schlachtfeld, auf dem jeder gegen jeden kämpft und der zufällig Stärkste siegt. Daß sich auf dem Boden von Zufall und Gewalt keine Ethik begründen läßt, braucht uns nicht zu wundern. Zwar hat schon Goethe erkannt, «wie alles sich zum Ganzen webt, eins in dem andern wirkt und lebt», doch ist die «zerstückelte Art, die Natur zu behandeln», noch längst nicht überwunden.

Eine Wende zum Guten ist also nur von einem neuen, wirklichkeitsnahen und zugleich konstruktiven Denken zu erwarten. Ein solches Denken liegt den Erkenntnissen jener Forscher zugrunde, die sich in jüngster Zeit mit den Lebewesen und ihren Beziehungen zur Umwelt befassen. In der Sicht dieser in engem Kontakt mit den Phänomenen stehenden Wissenschaftler, Ökologen genannt, zeigt sich die Natur nicht als ein aus blindem Zufall und roher Gewalt zusammengewürfeltes Neben- oder gar Gegeneinander, sondern als ein harmonisch gewachsenes, weisheitsvolles (und damit auch schützenswertes) Mit- und Füreinander.

Mit meinen Lebensbildern aus Feld und Wiese möchte ich mithelfen, die Schönheit und Weisheit der Natur aufzuzeigen und so die ideelle Voraussetzung für ihren Schutz zu schaffen. Ich weiß, dies ist ein schwieriges Unterfangen, denn in der herkömmlichen Meinung gelten die Schönheit und Weisheit der Natur lediglich als sentimentale Schwärmerei. In dieser entscheidenden Frage zählen jedoch nicht die Meinungen, sondern einzig und allein die Phänomene. Sie aber faszinieren uns – wie die folgenden Beispiele zeigen sollen – primär durch ihre Schönheit.

Wenn wir uns in diese auffallende Erscheinungsform des Lebendigen vertiefen, werden wir erfahren: «Schönheit» ist keine subjektive Ansicht sentimentaler Naturliebhaber, sondern – wie Goethe sagt – «eine Manifestation geheimer Naturgesetze». Schiller war gar von der Überzeugung durchdrungen: «Nur durch das Morgentor des Schönen» könne der Mensch «in der Erkenntnis Land» gelangen. Bekennen wir uns also offen zur Schönheit der Natur, schreiten wir mutig durch das «Morgentor des Schönen», und achten wir gut auf die «geheimen Naturgesetze», die sich uns «in der Erkenntnis Land» offenbaren wollen.

Mir scheint, die heutige Jugend habe für die neue Biologie und die mit ihr verknüpfte Wiederentdeckung der Schönheit und Weisheit der Natur offene Augen, Ohren, Herzen und Hände; sie habe die Zeichen der Zeit verstanden und sei bereit, der immer mehr um sich greifenden Verschmutzung und Zerstörung der Umwelt tatkräftig entgegenzuwirken.

Orchideen

Hauptverbreitung in den Tropen

Orchideen – welch phantastische Vorstellungen ruft dieses Wort in uns wach, Vorstellungen von feucht-heißen Tropenwäldern, in deren Halbdunkel, zwischen Lianen und Blattgewirr, die schönste aller Blumen ihre märchenhafte Pracht entfaltet. Nun, gar so übertrieben sind diese Vorstellungen nicht. Wohl kommen Orchideen von der Arktis bis zur Antarktis vor, ihre größte Formen- und Farbenvielfalt erreichen sie aber zweifellos in den Tropen. Nach den Polen hin nimmt der Orchideenreichtum rasch ab. Und schon in Mitteleuropa, so auch in unserem Lande, sind von den insgesamt rund 20.000 bekannten Arten nur noch etwa 60 anzutreffen.
Wie heterogen aber selbst noch das kleine einheimische Völkchen ist, zeigt sich schon darin, daß die 60 Arten 25 verschiedenen Gattungen angehören. Die Skala reicht vom «einfachen» Knabenkraut bis zum «komplizierten» Frauenschuh. Bei aller Vielfalt muß es aber doch auch Gemeinsames geben, wie könnte ich sonst im konkreten Falle wissen, daß ich eine Orchidee vor mir habe?! Was also macht die Orchidee zur Orchidee? Es ist vor allem der im wesentlichen einheitliche Bau ihrer Blüten. Sehen wir uns dieses seltsame Gebilde am Beispiel des *Kleinen Knabenkrautes* (Orchis morio) etwas genauer an:

Bau der Blüten

Die sechs Blütenblätter dieser weitverbreiteten Orchisart sind in zwei Kreisen zu je dreien angeordnet. Von den Botanikern werden die drei Blätter des äußeren Kreises als Sepalen, die zwei gleichförmigen des inneren Kreises als Petalen, das abweichend gestaltete dritte Blatt als Lippe bezeichnet. Alle Sepalen und die beiden Petalen sind nach oben oder seitwärts gerichtet. Sie bilden zusammen ein Dach, das über den Befruchtungsorganen steht. Die Lippe tanzt in puncto Form und Lage völlig aus der Reihe. Sie ist nach unten gerichtet und an ihrem Hinterende zu einem langen Sporn ausgezogen. Von den ursprünglich sechs Staubblättern ist nur ein einziges voll ausgebildet. Es sitzt über der griffellosen Narbe und ist mit ihr zum «Säulchen» verwachsen. Der unterständige Fruchtknoten dreht sich 180° um seine Längsachse, so daß bei der entfalteten Blüte die Lippe abwärts weist.

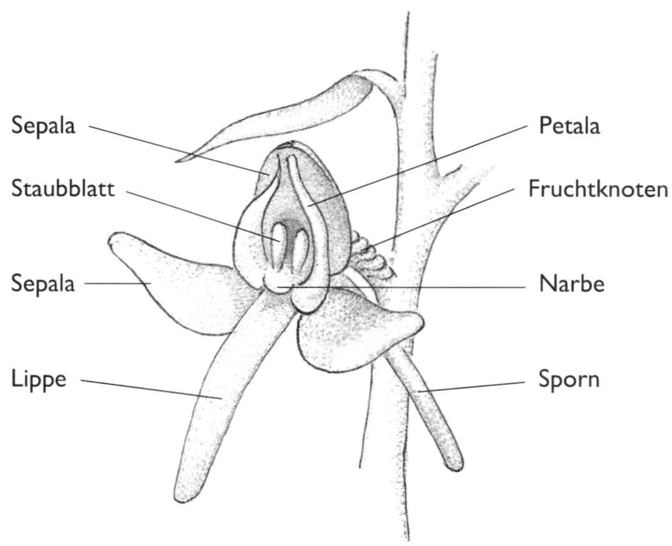

Blütenaufbau der Orchideen am Beispiel des Zweiblättrigen Breitkölbchens (Platanthera bifolia) >

Senkrechte und Waagrechte

Eingespannt zwischen Sonne und Erde, wachsen die Pflanzen (meist) in der Senkrechten; die Senkrechte ist ihr «geistiger Stab» (Goethe). Von dieser Norm weichen die Orchideen insofern ab, als ihre Blütenachse in der Waagrechten liegt. Im Zusammenhang mit dieser «Anomalie» treten bei den Orchideenblüten Verhältnisse auf, wie sie dem Tier eigen sind. Zum normalen Oben-Unten kommen hinzu: Vorne-Hinten und Innen-Außen. Ist die Blüte mit senkrechter Achse in der Regel vielseitig-symmetrisch, so zeichnet sich die waagrecht orientierte dadurch aus, daß sie sich meist nur noch durch eine einzige Ebene in zwei spiegelbildlich gleiche Hälften teilen läßt. Gerbert Grohmann, dessen Werk ich den Hinweis auf dieses Phänomen verdanke, hat den Satz aufgestellt: «... es gibt keine zweiseitig-symmetrischen Blüten, welche nicht mehr oder weniger ausgeprägt diese Stellung (gemeint ist die Waagrechte, d.V.) einnähmen. Allerdings kann man die Regel nicht umkehren, denn unzählige Blüten bleiben radiärstrahlig, obwohl sie sich in horizontaler Richtung befinden.»

Für alle Orchideenblüten aber gilt: ihre Achsen liegen in der Waagrechten, sie sind zweiseitig-symmetrisch, und sie weisen tierähnliche Formen auf. Bezeichnungen wie Waldvögelein, Hummel-, Bienen-, Fliegen- und Spinnenragwurz sind auf diese Tatsache zurückzuführen. Durch die Orchideenblüten wird deutlich, daß die Ebenen und der Raum, in denen Pflanze und Tier leben, nicht bloß abstrakte Begriffe beziehungsweise «substanzlose Leere» sind. Vielmehr erweisen sich beide als Träger von Eigenschaften, die das Lebendige durchströmen und beeinflussen.

Funktion der Blüten

Ein Blick auf die *Funktion* der Orchideenblüte soll untermauern, was wir durch den Bau erfahren haben, soll zeigen, wie tierähnlich, das heißt wie präzise auf «ihre» Besucher zugeschnitten die Blüte ist. Aus dem breit gefächerten Angebot wählen wir als Beispiele je einen typischen Vertreter der Gattungen Knabenkraut, Ragwurz und Frauenschuh aus.

<< Kleines Knabenkraut *(Orchis morio)*
Größe: 10 – 30 cm.
Vorkommen: auf trockenen und mäßig feuchten Magerwiesen / kollin-montan.
Blühzeit: April – Juni.
Besonderes: Der lockere Blütenstand dieser Art läßt uns den für alle Knabenkräuter typischen Blütenbau besonders leicht erkennen: Fünf der insgesamt sechs Blütenblätter bilden zusammen eine Art Helm, der über den Befruchtungsorganen steht. Das sechste Blütenblatt ist als «Lippe» ausgebildet und nach unten gerichtet. Sein hinteres Ende ist zu einem langen Sporn ausgezogen. Das einzige Staubblatt mit seinen beiden Pollenbeuteln sitzt über der griffellosen Narbe und ist mit ihr zum sogenannten «Säulchen» verwachsen (siehe auch die Skizze).

< Großes Zweiblatt *(Listera ovata)*
Größe: 30 – 60 cm.
Vorkommen: Magerwiesen, Flachmoore und Wälder / kollin-subalpin.
Blühzeit: Mai – Juli.
Besonderes: Eine Blüte des Großen Zweiblattes und ihr Gast (Schlammfliege / Sialis fuliginosa) demonstrieren uns hier den für viele einheimische Orchideen typischen Bestäubungsvorgang: Auf dem Weg zum Nektar stößt das Insekt mit seinem Kopf zwangsläufig an die klebrige Basis des Staubblattes. Binnen kürzester Zeit haften die beiden Pollenpakete so stark dem Besucher an, daß er sie bei seinem Rückzug aus den Fächern reißt. Beim Besuch der nächsten Blüte wird das Insekt einen Teil des Pollens auf der klebrigen Narbe abstreifen.

Bestäubung der Blüten bei den Knabenkräutern

Von den zahlreichen Knabenkräutern sei wiederum *Orchis morio* kurz vorgestellt: Als Gäste dieses Frühblühers sind vor allem verschiedene Hummelarten bekannt. Die stattlichen Brummer landen auf der weitausladenden Lippe, strecken ihren Rüssel in den langen Sporn und suchen dort nach Nektar. Auf dem Weg zum süßen Tropfen stößt das hungrige Insekt zwangsläufig mit seinem Kopf an die klebrige Basis des fertilen Staubblattes. Binnen kürzester Zeit haften die beiden gestielten Pollenpakete so stark dem Besucher an, daß dieser sie bei seinem Rückzug aus den Fächern reißt. Während ein bis zwei Minuten stehen die «Pollen-Hörner» steif vom Hummelkopfe ab, dann aber krümmen sich die langen, dünnen Stiele mehr und mehr nach vorne-unten. Schließlich kommen die Staubbeutel genau an die Stelle des Kopfes zu liegen, mit der die Hummel bei ihrem nächsten Blütenbesuch die Narbe berührt. Ein Teil des Pollens bleibt auf der klebrigen Narbe haften. Auf solch großartige Weise ist bei Orchis Morio die Fremdbestäubung gewährleistet. Ähnliches gilt für alle Knabenkräuter. Kann dieses großartige Zusammenspiel von Blüte und Insekt ein bloßer Zufall sein?!

Λ
Hummel-Ragwurz *(Ophrys fuciflora)*
Größe: 15 – 30 cm.
Vorkommen: Magerwiesen, auf mäßig trockenen bis feuchten, meist kalkhaltigen Böden / kollin(-montan).
Blühzeit: Mai – Juni.
Besonderes: Im Prinzip ist die Blüte der Hummel-Ragwurz gleich wie beim Kleinen Knabenkraut gebaut, doch fällt uns sofort ihre große, samtig behaarte und bizarr gestaltete Lippe auf. Höchstwahrscheinlich sondert unsere «Hummel» keinen Nektar ab. So ist es weiter nicht verwunderlich, daß sie nur selten von Insekten besucht wird.

Selbstbestäubung und Fremdbestäubung bei den Ragwurzarten

Unter den fünf einheimischen Ragwurzarten ist in meinem Beobachtungsgebiet (Umgebung von Basel) die *Hummelragwurz* (Ophrys fuciflora) am weitesten verbreitet. Deshalb soll sie uns Modell stehen. Im Prinzip ist die Blüte der Hummelragwurz gleich wie beim Kleinen Knabenkraut gebaut, doch fällt uns schon auf den ersten Blick ihre große, samtig behaarte und bizarr gestaltete Lippe auf. Nach allem, was man bisher weiß, sondern die Ragwurzblüten keinen Nektar ab. So ist es weiter nicht verwunderlich,

daß sie nur selten von Insekten besucht werden. Ich selbst habe in unseren Gefilden trotz stundenlangen Beobachtens keinen einzigen Blütengast feststellen können. Unter den vielen Blüten der Hummelragwurz, die ich genauer untersucht habe, gab es verschwindend wenige, deren Pollinien entfernt waren. Fehlen bei uns wohl die passenden Bestäuber und sind die einheimischen Ragwurzarten auf Selbstbefruchtung angewiesen? Bei der *Bienenragwurz* (Ophrys apifera) ist jedenfalls Selbstbefruchtung die Regel. Ihre Pollinien lösen sich spontan aus den Fächern, bleiben aber an der Basis mit der Blüte verbunden. Nachdem sich ihre langen Stiele in üblicher Weise nach vorne-unten gekrümmt haben, hängen die beiden Pollenpakete so tief, daß sie beim nächsten kräftigen Windstoß mit der klebrigen Narbe in Berührung kommen und dort haften bleiben. Trotz dieses einwandfrei nachgewiesenen Tatbestandes scheint aber die Selbstbefruchtung bei den Ophrysarten nur eine (vermutlich lokal bedingte) «Notlösung» zu sein. Diese schon lange gehegte Vermutung ist in neuerer Zeit durch verschiedene Forscher zur Gewißheit erhoben worden. Vor allem der Schwede Bertil Kullenberg hat sich dem Studium der Ophrysarten und deren Beziehungen zur Tierwelt gewidmet. Lassen wir uns deshalb von ihm berichten, was er von der *Fliegenragwurz* (Ophrys insectifera) und ihren wichtigsten Bestäubern, zwei kleinen Grabwespenarten aus der Gattung Gorytes, erfahren hat:

∧ Bienen-Ragwurz *(Ophrys apifera)*
Größe: 20 – 40 cm.
Vorkommen: Magerwiesen / kollin-montan.
Blühzeit: Juni
Besonderes: Auch die Blüten der Bienen-Ragwurz werden höchst selten von Insekten besucht. Bei ihnen fallen die Staubpakete spontan aus den Beuteln. Nach geraumer Zeit hängen die langgestielten Pollinien so tief, daß sie durch den Wind auf die eigene klebrige Narbe geworfen werden und zum Teil dort haften bleiben. Selbstbefruchtung scheint in unserer Region bei dieser Art die Regel zu sein.

< Fliegen-Ragwurz *(Ophrys insectifera)*
Größe: 15 – 40 cm.
Vorkommen: Magerwiesen / kollin-montan(-subalpin).
Blühzeit: Mai.
Besonderes: Selbstbefruchtung scheint bei den Ragwurz-Arten lediglich eine (vermutlich lokal bedingte) «Notlösung» zu sein. Jedenfalls ist für die Fliegen-Ragwurz nachgewiesen worden, daß ihre Blüten von den Männchen bestimmter Grabwespenarten aus der Gattung Gorytes besucht werden. Die Lippe der Fliegen-Ragwurzblüte «imitiert» durch ihren Duft und die Behaarung ein Gorytes-Weibchen, animiert die betreffenden Männchen zur «Begattung» und wird so von ihnen bestäubt.

Zunächst bestätigt unser Gewährsmann die Beobachtung seiner Vorgänger, nämlich daß die Blüten der Fliegenragwurz ausschließlich von Gorytes-*Männchen* besucht werden. Entsprechende Versuche haben gezeigt, daß diese Männchen allein durch den Duft der Blüten herbeigelockt werden. Wenn einer Blüte gelingt, rein mit ihrem Duft, also ohne zusätzliche Verköstigung, bestimmte Insektenmännchen zu fesseln, so muß es mit diesem Duft schon eine ganz besondere Bewandtnis haben. Des Rätsels Lösung war denn auch verblüffend: Die Blüte der Fliegenragwurz riecht nach dem geschlechtsreifen und paarungsbereiten Gorytes-*Weibchen*! Durch den «betörenden» Duft wird das Insektenmännchen sexuell erregt; es landet auf der «Fliege» und versucht, mit ihr zu kopulieren. Bei diesem vergeblichen Bemühen überträgt es in gewohnter Weise den Pollen von einer Blüte auf die andere. Neben dem erregenden Duft bedarf die Blütenlippe zu ihrer «Verführung» noch einer bestimmten Größe und Behaarung, wogegen die Gestalt und auch die Farbe eine untergeordnete Rolle spielen. Als Endergebnis steht fest: Die Blüte der Fliegenragwurz «imitiert» ein Gorytes-Weibchen, animiert die betreffenden Männchen zur «Begattung» und wird so von ihnen bestäubt. Wie sich Ophrys und Gorytes im Laufe der Evolution zusammengefunden haben, ist noch ungeklärt. Doch eines steht fest: Ohne inneren Bezug wäre es bestimmt nicht zur «Paarung» gekommen.

Der Frauenschuh

Als typischen Vertreter der Gattung Frauenschuh wählen wir die einzige einheimische Art: Cypripedium calceolus. Beim Frauenschuh ist das mittlere der drei inneren Blütenblätter nicht zur Lippe, sondern – wie der Name verrät – zum «Schuh» umgestaltet. Mit seinem leuchtenden Zitronengelb hebt sich dieses Blütenblatt deutlich vom Violettbraun all der übrigen ab. Vom Grund der Blüte aus ragt eine weiße, knorpelige Platte in den Schuh hinein. Links und rechts dieser Platte, nahe dem Blütengrund, entspringt je eine zahnartige Ausbuchtung, die auf ihrer Unterseite einen Staubbeutel trägt. Unter der Platte sitzt eine kräftige Griffelsäule, deren große Narbe dem Boden des Schuhes zugekehrt ist. Ein Blick ins Innere des Pantoffels zeigt uns mehrere Reihen violettbrauner Punkte, die alle auf die Befruchtungsorgane hin laufen und in dieser Richtung auch deutlich dichter werden. Parallel zu den Punktreihen stehen viele Zeilen kräftiger, weißer Haare. Halten wir den Schuh gegen das Licht, so entdecken wir, links und rechts der Griffelsäule, mehrere transparente Stellen, die sogenannten «Fensterchen». Die komplizierte Blüteneinrichtung ist nur zu verstehen, wenn wir sie zusammen mit den besuchenden Insekten betrachten. Als «legale» Blütenbesucher kommen vor allem kleine Wespen- und Bienenarten in Betracht. Angelockt durch Duft und Farbe,

Frauenschuh *(Cypripedium calceolus)* >
Größe: 20 – 50 cm.
Vorkommen: Buschige Hänge, Wälder / kollin-montan (-subalpin).
Blühzeit: Mai – Juni
Besonderes: Beim Frauenschuh ist das mittlere der drei Blütenblätter des inneren Kreises nicht zur Lippe, sondern zum «Schuh» ausgebildet. Der Blick ins Innere zeigt uns eine besonders «raffinierte» Bestäubungseinrichtung.

steigen die Gäste in den Schuh hinein. Aber aus dem Gast wird sogleich ein Gefangener, denn innen sind die Wände des Schuhes so glatt, daß sie dem Insekt bei seinen Fluchtversuchen keinen Halt bieten. Auch können die Blütengäste im engen Raum ihre Flügel nicht gebrauchen. Nur *einen* Ausweg gibt es, und der führt zu den Befruchtungsorganen. Jetzt lernen wir die Bedeutung der farbigen Punktreihen, der Haarzeilen und der Fensterchen kennen: Sie alle sind Wegweiser beziehungsweise Brücken zum Blütenausgang und – was für die Pflanze wichtig ist – zu Narbe und Staubblatt. Durch die violettbraunen Marken und die Fensterchen wird das gefangene Insekt auf die Haarleitern gewiesen. Sprosse um Sprosse steigt es diese Leitern empor, bis sich ihm die Griffelsäule als ein erstes Hindernis entgegenstellt. Mit Gewalt zwängt sich der Blütengast unter der Griffelsäule hindurch und streift dabei den von früherem Blütenbesuch an seinem Rücken haftenden Pollen auf die Narbe ab. Kaum ist die erste Hürde genommen, folgt auch schon die zweite. Unmittelbar vor dem Blütenausgang muß noch einer der beiden vorstehenden Staubbeutel passiert werden. Im engen Durchschlupf lädt sich das Insekt von neuem den klebrigen Pollen auf. Durch die großartige Übereinstimmung von Büte und Blütenbesucher wird der Frauenschuh fremdbestäubt.
Die Samen der Orchideen sind winzig klein. Zum Keimen bedürfen sie der Mitwirkung von Pilzen. Erst wenn ein bündnisfähiger Pilz mit seinen Fäden in den Samen eindringt, können sich Stengel, Blätter und Wurzeln bilden. Durch den Pilz werden der Orchidee wichtige Nährstoffe zugeführt. Meist ist das Bündnis Pilz – Orchidee so eng, daß die Orchidee, wenn sie von ihrem Symbionten getrennt wird, langsam aber sicher zugrunde gehen muß.

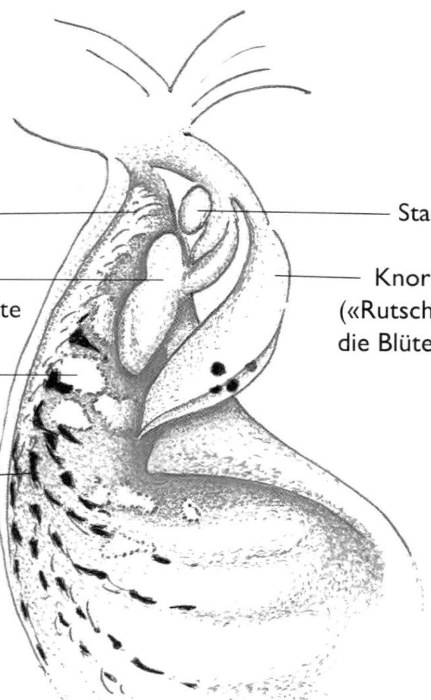

Orchideen sind gefährdet

Ihrer Schönheit wegen werden verschiedene einheimische Orchideenarten so stark geplündert, daß deren Bestand an vielen Orten gefährdet ist. Dies gilt vor allem für den prachtvollen Frauenschuh, obwohl er unter totalem Naturschutz steht. Offensichtlich reichen die drohenden Bussen nicht aus, um den Egoismus der Menschen zu bändigen.
Mir scheint, das berüchtigte Pferd werde einmal mehr am Schwanz aufgezäumt. Anstatt den lieblosen, plündernden Erwachsenen zu bestrafen, sollte man besser versuchen, beim Jugendlichen die Liebe zur Natur, die Ehrfurcht vor dem Leben zu wecken. Das setzt allerdings einen Biologieunterricht voraus, der nicht bloß das Zergliedern lehrt und das Leben auf das Zähl-, Meß- und Wägbare reduziert, der auch nicht das «Recht des Stärkeren» verkündet, sondern bestrebt ist, die Natur als ein weisheitsvolles, aus wechselseitigem Geben und Nehmen gewobenes Ganzes darzustellen. Das Gedicht «Der Römische Brunnen» von Conrad Ferdinand Meyer kann uns hier Vorbild und Wegweiser sein:

Auf steigt der Strahl und fallend gießt
Er voll der Marmorschale Rund,
Die, sich verschleiernd, überfließt
In einer zweiten Schale Grund;
Die zweite gibt, sie wird zu reich,
Der dritten wallend ihre Flut,
Und jede nimmt und gibt zugleich
Und strömt und ruht.

Der heute vielfach praktizierte, auf der Lehre vom «Überleben des Tüchtigsten im Kampf ums Dasein» fußende Sozialdarwinismus hat – wie die Erfahrung zeigt – zu einem «inhumanen Humanismus» geführt: Die Achtung vor dem Leben ist geschwunden; die Zerstörung der Innen- und Umwelt hat ein bedrohliches Ausmaß erreicht. Eine Umkehr ist daher dringend geboten. Die not-wendige Kurskorrektur wird aber – da die Taten dem Denken folgen – nur aufgrund eines gewandelten Natur- und Menschenbildes möglich sein. Nur wenn wir den «Römischen Brunnen» beherzigen, nur wenn wir den Egoismus überwinden, nur wenn «jede(r) nimmt und *gibt* zugleich», werden wir zu Humanisten werden, die diesen Namen verdienen. Dann werden wir auch all unsere Mitgeschöpfe gebührend achten und schützen.

Die Weinbergschnecke

Lebensraum

Mit einer Länge von bis zu 10 cm ist die Weinbergschnekke (Helix pomatia) unsere größte und wohl auch bekannteste Gehäuseschnecke. Die Bezeichnung «Weinberg-Schnecke» ist vom bevorzugten Lebensraum dieser Tierart hergeleitet. Auf den ersten Blick scheinen allerdings Weinberg und Schnecke, das trocken-warme Gelände und das feucht-kalte Weichtier, nur schlecht oder gar nicht zusammenzupassen. Aber die Zoologen berichten uns, daß Helix pomatia nach der Eiszeit aus Südosten in Mitteleuropa eingewandert ist, daß damals in diesen Breiten ein trocken-warmes Klima geherrscht hat, ein Klima, wie es heute für den Weinberg typisch ist und wie es Helix pomatia offensichtlich besonders zusagt. Außer dem Weinberg besiedelt unsere Schneckenart allerdings noch verschiedene andere Biotope. Die Skala erstreckt sich von der offenen, heideartigen Landschaft bis zum geschlossenen Wald, vom sonnig-warmen Wegbord bis zum schattig-kühlen Bachufer, vom Tiefland bis ins Gebirge.

Fastenspeise

Da die Weinbergschnecke früher als Fastenspeise gegolten hat, ist sie – vor allem in den Klöstern – als Haustier gehalten und gemästet worden. Als «Fastenspeise für Geistliche» ist sie sogar in die klassische Literatur eingegangen. In seinen «Ephemerides» erzählt uns Goethe folgende lustige Geschichte: Einem Bauern, dessen neuer Pfarrer als Schneckenliebhaber bekannt ist, begegnete ein Amtmann und fragte: «Wie stehts?» Der Bauer sprach: «Ei gut, unser Pfarrer frißt das Ungeziefer; wenn noch der Teufel die Amtleut und Advokaten holt, so sind wir geborgen.»
Zweifellos haben die «Schneckengärten» zur weiten und raschen Ausbreitung des sprichwörtlich langsamen Tieres beigetragen. Doch aus der ehemaligen Fastenspeise für Geistliche ist mittlerweile ein Leckerbissen für jedermann

∧
Weinbergschnecke *(Helix pomatia)*

Größe: bis 10 cm.
Vorkommen: Gebüsch, Wälder, Gärten, vor allem in kalkreichen Gegenden.
Fortpflanzung: Mai – Juni.
Besonderes: Die Weinbergschnecke hält einen sechs bis sieben Monate dauernden Winterschlaf. Erst wenn im Frühjahr die warmen Regen fallen, erwacht sie zu neuer Aktivität. Unter hohem Druck sprengt sie jetzt den Kalkdeckel ab, mit dem sie im Spätjahr ihr Gehäuse verschlossen hat.

< Die Schale der jungen Schnecke mißt nur wenige Millimeter, doch lebenslang wächst sie mit ihrem «Träger» mit. Am alten Schneckenhaus sind die Zuwachszonen deutlich zu erkennen. Im Quer- oder Längsschnitt offenbart uns die ausgebildete Schale eine «Kunstform der Natur»: Der Wirbel, also rotierende Bewegung, ist hier zur festen, harmonischen Gestalt erstarrt.

Die Weinbergschnecke ist ein Zwitter, der mit drei bis vier Jahren geschlechtsreif wird. Wenn sich im Frühjahr zwei paarungsbereite Individuen treffen, richten sie sich Fuß an Fuß auf, reiben die Laufsohlen aneinander und betasten sich mit den Fühlern. Im Verlauf des oft stundenlangen «Liebesspieles» stößt ein Partner dem anderen den «Liebespfeil», ein dolchähnliches Gebilde aus Kalk, in den Leib. Kurz nach diesem stimulierenden Dolchstoß erfolgt die Paarung (siehe auch die Skizze). >

geworden. Der Mensch, einst Schnecken*mehrer*, hat sich zum Schnecken*zehrer* gewandelt.
Es gibt andere «Delikatessen» als die «Escargots», und es gibt andere Wege, sich mit der einheimischen Tierwelt zu befassen, als über den Magen. «Sobald wir einen Gegenstand in Beziehung auf sich selbst und in Verhältnis mit andern betrachten und denselben nicht unmittelbar entweder begehren oder verabscheuen, so werden wir mit einer ruhigen Aufmerksamkeit uns bald von ihm, seinen Teilen, seinen Verhältnissen einen ziemlich deutlichen Begriff machen können.» Folgen wir Goethes Rat; prüfen wir, ob sich sein Versprechen erfüllt.

Fortbewegung

Von Ende Oktober bis Anfang April hält die Weinbergschnecke einen tiefen Winterschlaf. Ihr Haus, halb in den Boden eingegraben, liegt mit der Öffnung nach oben und ist durch einen Kalkdeckel verschlossen. Erst wenn die warmen Frühjahrsregen fallen, erwacht unsere «Siebenschläferin» zu neuer Aktivität. Unter hohem Druck sprengt sie jetzt den Deckel ihres Gehäuses ab, streckt sich zur vollen Größe aus und kriecht den sprießenden Pflänzchen nach. Mit Hilfe ihrer Raspelzunge weidet sie Blatt um Blatt des frischen Grünes ab. Merkwürdig, die kriechende Schnecke hat ihren Fuß voll ausgestreckt, flach liegt die Sohle der Unterlage auf, keine Bewegung ist zu sehen, und doch gleitet der Bauchfüßer (Gastropode) langsam aber stetig fort. Die Art und Weise der Fortbewegung läßt sich am besten beobachten, wenn wir die Schnecke auf eine Glasplatte setzen und dann ihren Fuß von unten her betrachten. Jetzt entdecken wir, wie ununterbrochen von hinten nach vorne kleine Wellen über die Sohle laufen und wie bei jeder Welle ein Fußteil nach dem andern um ein kleines Stück vorgeschoben wird. Aus einer Drüse, die auf der Unterseite des Kopfes in einen breiten Schlitz mündet, sondert die gleitende Schnecke fortwährend zähen Schleim ab, so daß sie sich effektiv nicht auf dem Erdboden, sondern auf einem selbstbereiteten «Fließband» fortbewegt.

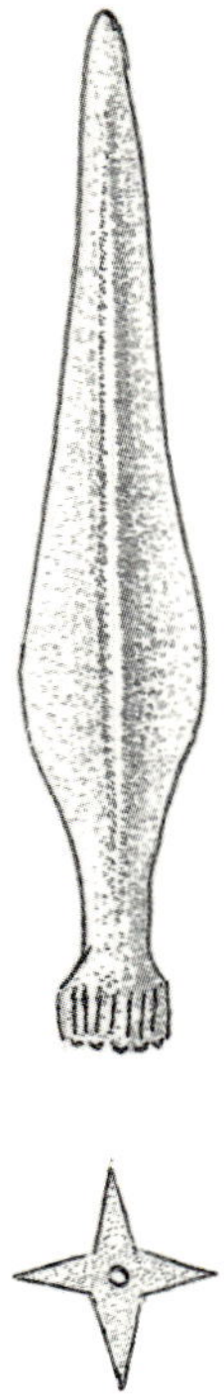

^
«Liebespfeil» (ca. 10 mm) der Weinbergschnecke
oben: von der Seite gesehen
unten: im Querschnitt

Fortpflanzung

Ebenso merkwürdig wie die Fortbewegung mutet uns die Fortpflanzung an. Die Weinbergschnecke ist ein Zwitter, der mit drei bis vier Jahren geschlechtsreif wird. Theoretisch wäre dem Zwitter eine Selbstbefruchtung der Eier durchaus möglich. In Wirklichkeit findet aber stets eine Paarung statt. Wenn sich im Frühjahr zwei geschlechtsreife und paarungsbereite Individuen treffen, so richten sie sich Fuß an Fuß auf, reiben ihre Kriechsohlen aneinander und betasten sich gegenseitig mit den Fühlern. Im Verlauf des oft stundenlangen «Liebesspieles» stößt ein Partner dem anderen den sogenannten «Liebespfeil», ein dolchähnliches Gebilde aus Kalk, in den Leib. Durch diesen Dolchstoß – so vermuten die Wissenschaftler – wird die Paarungsbereitschaft gefördert.
Erst nach mehreren Erregungsphasen und dazwischen liegenden Ruhepausen kommt es zur Kopulation. Bei der Vereinigung überkreuzen die «Engumschlungenen» ihre Vorderkörper, kehren einander die an der rechten Körperseite nahe dem Kopf gelegene Geschlechtsöffnung zu und tauschen dann je ein Samenpaket aus. Neuere Untersuchungen haben allerdings gezeigt, daß unser Zwitter oft nur in *einer* Funktion, also entweder nur als Männchen oder nur als Weibchen aktiv wird.

Eiablage und Entwicklung der Jungen

Sechs bis acht Wochen nach der Paarung hebt das «trächtige» Tier durch drehende Bewegungen seines Vorderkörpers eine etwa 5 cm tiefe Erdgrube aus, in die es bis zu 60 erbsengroße, mattweiße Eier legt. Die Eiablage erfolgt in Intervallen von durchschnittlich 15 Minuten. Unmittelbar nach dem Legeakt wird die Eigrube – wiederum durch drehende Bewegungen des Vorderkörpers – mit Erde so geschickt verschlossen, daß sie von der Umgebung kaum mehr zu unterscheiden ist.
Die Entwicklung vom Ei bis zur Jungschnecke dauert in der Regel 30 Tage. Doch der zarte Nachwuchs verweilt noch weitere acht Tage im Schutze seiner unterirdischen Kinderstube. Die Schale der Jungschnecke mißt nur wenige Millimeter. Lebenslang wächst sie mit ihrem «Träger» mit. Am ausgebildeten Schneckenhaus sind die je nach Klima und Nahrungsangebot unterschiedlich breiten Zuwachszonen deutlich zu sehen.

Winterschlaf

Zu Beginn der kalten Jahreszeit verkriecht sich die Weinbergschnecke unter dem Laub, gräbt in üblicher Weise ein Loch in die Erde und bettet ihre Schale so ein, daß die Öffnung nach oben liegt. Nachdem sie sich zum Winterschlaf in ihr Gehäuse zurückgezogen hat, verschließt sie dessen Eingang mit einer schleimigen Membran, an die sie so viel Kalk anlagert, daß ein stabiler Deckel entsteht. Nach innen scheidet sie noch weitere Schleimhäute ab. Die zwischen den Membranen eingeschlossene Luft bildet eine gute Wärmeisolation, ohne jedoch den auch während des Winterschlafes erforderlichen Gasaustausch zu behindern. Es ist, als würde die Weinbergschnecke ahnen, ob ein milder oder strenger Winter bevorsteht. Denn vor strengen Wintern verschließt sie ihr Haus mit einem wesentlich dickeren Kalkdeckel als vor milden. Auch folgen sich da die häutigen Zwischenwände in weit größerer Zahl und geringerem Abstand. Das für einen kalten Winter gewappnete Tier soll im Experiment während kurzer Zeit Temperaturen von bis zu -100°C unbeschadet überstehen können.

Kunstform der Natur

Weit häufiger als der unversehrten Weinbergschnecke begegnen wir ihrem leeren Gehäuse; die «Verpackung» überdauert den «Inhalt» meist um viele Jahre. Wir sollten nicht verfehlen, diese «Kunstform der Natur» näher zu betrachten. Im Längs- oder Querschnitt offenbart sich uns die Schneckenschale als ein Gebilde voller Harmonie: Der Wirbel, also rotierende Bewegung, ist hier zum spiralig gedrehten Hohlkegel erstarrt. Adolf Portmann, der sich eingehend mit den Mollusken befaßt hat, macht uns darauf aufmerksam, daß die prachtvollsten Schalen in jenen Weichtiergruppen auftreten, deren Nerven- und Sinnesorgane nur schwach entwickelt sind: «Der größte Formenreichtum, die größte Verschiedenheit der Schalen und das Maximum der Schalenbildung finden sich bei den Mollusken der rangniederen Organisationsstufe.» Bei den höher organisierten Formen ist die Schalenbildung «nicht etwa bloß weniger abwechslungsvoll, sondern wir beobachten dazu eine merkwürdige Verlagerung des ‹Gehäuses› ins Innere ... und außerdem in vielen Fällen den völligen Schwund dieser ‹inneren Schale›.»

Kern oder Schale?

Kern oder Schale, Entwicklung des Innen oder des Außen, das ist hier offensichtlich die Frage. Dieses «Entweder-Oder» (Kompensationsgesetz) gilt aber nicht nur für die Mollusken, sondern durchzieht in unzähligen Variationen die gesamte Fauna. In vielen Fällen ist es auch dem Laien möglich, die «Aktiven» und «Passiven» einer Tierart zu ermitteln und einander gegenüberzustellen. Ein solches Bilanzieren hilft mit, das besondere Wesen einer Spezies zu ergründen. Goethe, der Vater dieses Gedankens, fordert uns auf, bei jedem Geschöpf nach dessen «Vorzug und Mangel» zu suchen. Doch zugleich ermahnt er uns, «daß du schauest, nicht schwärmst». «Suche mit forschendem Geiste, finden wirst du sogleich zu aller Bildung den Schlüssel.»

Schale – erstarrter Klang

Wie schon angedeutet, offenbaren sich uns die Schalen der Weinbergschnecke als Gebilde voller Harmonie. Lassen wir das Formenspiel unbefangen und mit Hingabe auf uns wirken, so «können wir» – um mit Frits H. Julius zu sprechen – «erleben, daß unser Sehen zum Hören wird. Die Form dieser ... Schneckenhäuser kommt scheinbar in Bewegung und Bewegung wird zum Klang. All diese Biegungen werden zu melodiösem Sang, all diese wiederholten Wendungen zu rhythmisch klingenden Harmonien.
Wir stehen hier vor kleinen Bauwerken, deren Material aus totem, durch den Lebensprozeß nach außen gestoßenem Stein besteht, deren Form aber erstarrter Klang ist. Man könnte sprechen von in Stein gebanntem Klang. Und leben wir nun innerlich mit diesen Wölbungen, mit den Einbuchtungen dieser Flächen, mit den Wendungen dieser Spiralen mit, dann befreien wir den Klang aus seinem Bann. In uns selbst steigt dann eine Welt von Musik auf, so daß wir daran erinnert werden, wie unsere Vorfahren von der Harmonie der Sphären sprachen.»
Wer also das Wesen der Gestalt – sei es von Pflanze oder Tier – erfahren will, der muß das *statische Wahrnehmungsbild* durch ein *dynamisches Vorstellungsbild* ergänzen. Nur so wird er die «Form in Bewegung» bringen und den «Klang aus seinem Bann» befreien können!

Die Tigerspinne

^
Bei juvenilen Weibchen ist gelegentlich das ganze Netzzentrum mit Stabilimenten durchwoben. Die Spinne projiziert ihre Körperzeichnung aufs Netz. Der Tiger und sein getigertes Netz verschmelzen zur optischen Einheit. Die Spinne verbirgt sich sozusagen in «ihrer» Zeichnung.

Gast aus dem Süden

Die Spinnengattung Argyope ist mit rund 100 Arten in den warmen Gegenden aller Kontinente heimisch. Nördlich der Alpen kommt sie nur noch in einer einzigen Art, Argyope bruennichii, vor. Doch scheint diesem «Unikum» das gemäßigte Klima unserer Zone zuzusagen, denn es breitet sich hier ständig weiter aus. Noch bis in die Mitte dieses Jahrhunderts war die Tigerspinne in meinem hauptsächlichsten Beobachtungsgebiet, der Rheinebene unterhalb von Basel, fast ausschließlich auf feuchten Wiesen anzutreffen. Heute besiedelt diese Art auch extrem trockenes Gelände.

Geschlechtsdimorphismus

Argyope bruennichii zeigt einen ausgeprägten Geschlechtsdimorphismus: Das Männchen wird knapp 5 mm, das Weibchen gut 20 mm lang. Was das «starke Geschlecht» betrifft, sind hier offensichtlich die Rollen vertauscht. Das manifestiert sich auch darin, daß der kleine Gemahl von seiner großen Gemahlin nach der Paarung meist eingesponnen und verzehrt wird.
Das winzige Männchen habe ich bisher nur ein einziges Mal gefunden. Dem stattlichen Weibchen bin ich jedoch Jahr für Jahr begegnet. Dieser «Riese unter den Zwergen» hat mir denn auch für das hier skizzierte Art-Portrait Modell gestanden.
Die Tigerspinne gehört zu den Radnetzspinnen. Ihre Fanggewebe sind nahezu senkrecht und dicht über dem Boden ausgespannt. Das Netz ausgewachsener Weibchen erreicht einen Durchmesser von rund 30 cm. Es ist durch eine große Nabe und die sowohl ober- als auch unterhalb der Nabe eingewobenen breiten Zickzackbänder gekennzeichnet. Über die Bedeutung dieser Zickzackbänder – der Zoologe nennt sie Stabilimente – sind sich die Gelehrten nicht einig. Fest steht bloß, daß Stabilimente nur bei solchen Spinnenarten vorkommen, die sozusagen ihr ganzes Leben in der Nabe des Netzes zubringen.

Netz als Refugium

Zahlreiche Gliederfüßler, beispielsweise die Heu- und Fangschrecken, haben die erstaunliche Fähigkeit, eine Umwelt aufzusuchen, die ihren Eigenfarben entspricht. Die korrespondierende Farbe des Milieus ist sozusagen ihr Unterschlupf. Diese Fähigkeit ist der Tigerspinne nicht gegeben. Doch ganz ohne «Unterschlupf» ist auch sie nicht. Die im Netz eingewobenen Seidenbänder stimmen in Form, Farbe und Anordnung mit der Streifenzeichnung des in der Nabe kopfabwärts sitzenden Tieres so weitgehend überein, daß eins vom andern kaum zu unterscheiden ist. Indem also die Spinne ihre Körperzeichnung aufs Netz projiziert, schafft sie sich einen Ort, der ihrem Wesen entspricht und der ihr vermutlich eine gewisse Geborgenheit bietet. Diese Vermutung wird dadurch gestützt, daß bei juvenilen Weibchen die Stabilimente gelegentlich das ganze Netzzentrum durchziehen, so daß der «Tiger» und seine «getigerte» Warte ein harmonisches Ganzes, eine optische Einheit, bilden.

Eines ist unbestritten: Die Tigerspinne gehört zu den Nabentreuen. Sie verläßt ihre Warte nur beim Beutefang, bei massiven Störungen und zum Bau der Kinderwiegen. Sehen wir uns diese besonderen Verhaltensweisen etwas genauer an.

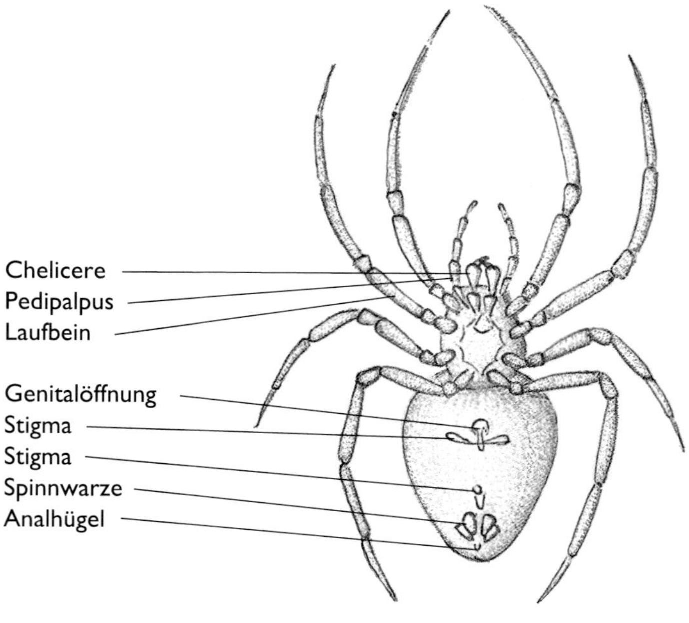

Λ
Körperbau einer Radnetzspinne (Körper von unten gesehen)
Der Spinnenleib ist gegliedert in den Vorderkörper (Prosoma) und den Hinterkörper (Opisthosoma).
Bei den Radnetzspinnen befinden sich am
Vorderkörper: 8 Punktaugen (nicht eingezeichnet), 2 Cheliceren mit Giftklauen, 2 Pedipalpen (Taster), 8 Laufbeine.
Hinterkörper: 1 Genitalöffnung, 2 schlitzförmige Stigmen der (in einer Körperhöhle verborgenen) Fächerlungen, 1 Stigma von zwei schlauchförmigen (im Leib verborgenen) Tracheen, 6 Spinnwarzen (nur 4 eingezeichnet), 1 Analhügel mit After.

Netz als Insektenfalle

Hat sich ein Beutetier – meist wird es eine Feldheuschrekke sein – in den Klebefäden des Netzes verfangen, so eilt die Spinne blitzschnell zur Quelle der Erschütterung. Nach kurzer Prüfung fesselt sie das Opfer mit einem breiten Seidenband, gibt ihm den Gnadenbiß und hängt es schließlich an einem kräftigen Faden unterhalb der Nabe als Nahrungsvorrat auf.

Netz als Instrument der Stimmungskundgabe

Bei massiven Störungen verleiht die Spinne ihrer Erregung zunächst dadurch Ausdruck, daß sie das Netz für längere Zeit in starke Schwingung versetzt. Hält die Störung trotz des «Bebens» an, so seilt sich die Bedrängte an einem kräftigen Faden ab und versteckt sich im Gewirr der Gräser. Sobald die Luft wieder rein ist, kehrt der Flüchtling am Kletterfaden in die Nabe des Netzes zurück.

Bau der Kokons und Eiablage

Am längsten verläßt das Spinnenweibchen sein Standquartier zur Erstellung der Kokons. Diesem Akt instinktiver Brutfürsorge dürfen wir jetzt beiwohnen: In unseren Breiten erfolgt die Eiablage von August bis Oktober. Während dieser Zeitspanne erstellt das Weibchen in Abständen von 15 – 22 Tagen mehrere Brutkörbchen mit je 200 – 300 Eiern. Einen Tag vor dem großen Ereignis verweigert es jegliche Nahrung. Das Fasten ist nach meiner Beobachtung der einzige Hinweis auf die baldige Eiablage. Am Abend des Fastentages, meist nach Einbruch der Dunkelheit, verläßt das «trächtige» Tier sein Netz. Zunächst verbindet es mit kräftigem Faden ein paar Grashalme zu einem Baugerüst. In den Rahmen dieses Gerüstes spannt es aus weißer Seide ein kleines, waagrecht liegendes Netz, dessen dichte Nabe als Aufhängevorrichtung und zugleich als Deckel für den künftigen Kokon dienen wird. Mit dem Bau der eigentlichen Kinderstube beginnt das Weibchen erst in den Morgenstunden des folgenden Tages. In Rükkenlage knüpft es da an die Unterseite der Netznabe – jetzt aus brauner Seide – einen etwa 5 mm hohen und gleich breiten Zylinder. Das freie, konkav gewölbte Ende des Zylinders legt es mit weißer Klebseide aus. Nachdem sich die Spinne mit einem starken Faden am fertig erstell-

Tigerspinne *(Argyope bruennichii)* ∧
Größe: bis 20 mm.
Vorkommen: Sonnige Gebiete mit niedriger Vegetation, sowohl in extrem trockenen als auch mäßig feuchten Biotopen.
Fortpflanzung: Spätsommer und Herbst.
Besonderes: Die Tigerspinne stellt für ihren Nachwuchs einen prachtvollen Kokon her. Hier ein paar Ausschnitte aus diesem großartigen Geschehen:
In der bodennahen Vegetation webt das Weibchen aus weißer Seide ein kleines horizontales Netz mit dichter Nabe. Dieses Grundgerüst wird später den Deckel des urnenförmigen Kokons bilden.
Während der zweiten Bauetappe wird – oh Wunder – die Seidenproduktion von Weiß auf Braun und von geradem Faden auf gekräuselten Faden umgestellt. Aus dem braunen Kräuselfaden webt die Spinne auf der Unterseite der Netznabe einen niederen Vollzylinder, dessen freies Ende konkav gewölbt ist und mit weißer Klebseide ausgelegt wird.

Nachdem sich das Weibchen mit einem starken Faden am Zylinder verankert hat, beginnt es mit der Eiablage. Schub um Schub preßt es 200 – 300 goldgelbe Eier ins vorbereitete Bett. Unmittelbar nach der Eiablage wird das kostbare Gut in weiße Seide gehüllt. Durch zahlreiche Fäden wird die weiße Eihülle mit dem braunen Zylindergewebe verbunden. >

ten Zylinder verankert hat, beginnt sie mit der Eiablage: Schub um Schub preßt sie nun einige hundert Eier ins vorbereitete Zylinderbett. Sobald der goldgelbe Ballen die volle Eizahl enthält, wird er mit einer dünnen Schicht aus weißer Seide überzogen. Auf den weißen Eiüberzug folgt ein dicker Mantel aus brauner, gekräuselter Watte. Das nun bereits urnenförmige Gebilde wird in weiße Klebseide gehüllt. An Luft und Sonne trocknet die Hüllschicht rasch, wird pergamentartig zäh und wasserabstoßend. Auch färbt sie in kurzer Zeit von Weiß nach Braun um. Das nun deutlich abgemagerte Weibchen «verziert» noch die erdbraune Kokonhülle mit dunklen, senkrecht verlaufenden Seidenbändern und befestigt schließlich das Brutkörbchen mit zahlreichen Fäden in der umgebenden Vegetation. Knapp vier Stunden hat es benötigt, um den ersten, in jeder Beziehung schon vollkommenen Kokon zu erstellen. Noch ein bis zwei Tage verweilt die Mutter bei ihrem Nachwuchs, dann kehrt sie in die Nabe des alten Netzes zurück oder erstellt ein neues Wohn- und Fanggeflecht. In Abständen von zwei bis drei Wochen webt sie noch fünf bis sechs weitere Kokons, bis Anfang Oktober ihre Fortpflanzungskraft und gleich auch ihr Leben erlischt.

Auszug der Jungspinnen

Im Innern der Kokons aber regt sich neues Leben: Nach rund vier Wochen schlüpfen aus den goldgelben Eiern winzig kleine Spinnen. Die Zwerge sprengen den weißen Überzug des Eiballens und überwintern in der lockeren, braunen Watteschicht. Vorsorglicherweise hat ihnen die Mutter im Eidotter einen großen Nahrungsvorrat mitgegeben, so daß sie auch einen langen, harten Winter unbeschadet überstehen können. Gegen Ende Mai des folgenden Jahres springt die pergamentartige Hülle des Kokons auf. Sobald jetzt die Sonne scheint, klettern die Jungtiere

<< Während der nächsten Bauphase wird die Seidenproduktion wiederum umgestellt: Auf den weißen Eiüberzug folgt eine dicke Schicht aus brauner Kräuselwatte. Das lockere Gewebe schließt viel Luft ein, so daß es die Keime vor Kälte schützt.

< Das nun bereits urnenförmige Gebilde wird in einen Mantel aus weißer Klebseide gehüllt. An der Luft erhärtet der Mantel rasch, wird pergamentartig zäh und weitgehend wasserabstoßend. Auch färbt er in kurzer Zeit von Weiß nach Braun um.

In einem letzten Akt «verziert» das nun deutlich abgemagerte Weibchen die erdbraune Kokonhülle mit dunklen Längsbändern und verankert dann das Brutkörbchen mit zahlreichen Fäden in der umgebenden Vegetation. >

Im Mai des folgenden Jahres verlassen die Jungspinnen ihre Kinderstube. An einem langen Faden lassen sie sich vom Wind verfrachten. Im Herbst werden sie uns in neuer Besetzung das alte, aber noch immer so rätselvolle Schauspiel der Brutfürsorge vorführen. v

an den umstehenden Pflanzen empor, spinnen einen langen Flugfaden und lassen sich an diesem Segel von den aufsteigenden Winden durch die Luft tragen. Landen die Emigranten auf günstigem Boden, so spinnen sie gleich ihr erstes Netz, – ein neuer Zyklus beginnt.

Gestalt und Verhalten entspringen der gleichen Quelle

Bei aller Vollkommenheit sind die Netze und Kokons unserer Tigerspinne nicht durch eine bewußte Handlung, sondern durch ein instinktives, also unbewußtes und angeborenes Verhalten entstanden. Mit der Leibesorganisation ist der Spinne auch gleich die entsprechende Verhaltensweise gegeben. Das Knüpfen des Netzes und das Weben des Kokons ist also gleichsam ein Weiterwachsen der Or-

gane, ein Wachsen über die Organgestalt hinaus in den Organgebrauch hinein. Wie eng Organgestalt und Organgebrauch miteinander verknüpft sind, das läßt sich am Beispiel der Spinnen besonders deutlich zeigen. In seinem Buch «Das Wunder des Instinktes» schildert uns Hans Wohlbold folgenden Versuch: Einer Radnetzspinne ist das zweite Beinpaar entfernt worden: «Der Winkel zwischen dem ersten und dritten Paar war jetzt größer, als der zwischen dem dritten und dem vierten Beinpaar. Die nun sechsbeinige Spinne stellte ein Netz her, das von dem der achtbeinigen vorher verschieden war. Und zwar entsprachen die Winkel zwischen den Netzspeichen des ersten und des zweiten Netzes relativ denen zwischen den Beinen vor und nach der Amputation.»
Durch das geschilderte Experiment und noch viele ähnliche Versuche ist ein Zusammenhang zwischen dem Bauplan des Spinnenkörpers und dem des Spinnennetzes nachgewiesen worden. Die vom Tier erstellten Artefakte – in unserem Falle das Netz und das Brutkörbchen – sind also gleichsam Projektionen des Körperbauplanes nach außen; sie sind des Tieres erweiterte Leiblichkeit.
Geben wir zu diesem Thema nochmals kurz Hans Wohlbold das Wort: «Man könnte unter Zugrundelegung der hier entwickelten Ansichten zwei Phasen der Organbildung überhaupt unterscheiden. Die Organe im engeren Sinn oder die primären Organe entstehen durch Vererbung während der Embryonalentwicklung des Tieres. Ist diese beendet, hat das Tier seine endgültige Form erhalten, so sind damit die formbildenden Kräfte noch nicht völlig verbraucht. Soweit das Tier noch über solche verfügt, werden sie nun frei, und sie metamorphosieren sich, wandeln sich um in Triebe, welche die Tiere zu ihren Instinkthandlungen veranlassen. Die Artefakte, die durch die Tätigkeit des Instinktes entstehen, sind demnach Organe zweiten Grades oder sekundäre Organe.»
Der sechsbeinige Achtbeiner hat den Schleier des Geheimnisses, der über den Instinkten liegt, ein kleinwenig gelüftet: Den angeborenen und unbewußten Fähigkeiten der Tiere liegen offensichtlich die gleichen Kräfte zugrunde, die schon ihren Organismus gebildet haben. Die Instinkte sind sozusagen im Fluß gehaltene, vor dem Gerinnen in die Gestalt bewahrte Bildekräfte. Die wundervolle Gestalt und das weisheitsvolle Verhalten der Tiere entspringen also der gleichen Quelle.

Die Gottesanbeterin

Die mit den Schaben und Termiten verwandte Ordnung der Fangschrecken hat ihr Hauptverbreitungsgebiet in den Tropen und Subtropen. In Mitteleuropa kommen nur noch wenige Arten vor. Am weitesten verbreitet ist hier die Gottesanbeterin (Mantis religiosa). An klimatisch günstigen Orten (Wärmeinseln) hat diese Art gar nördlich der Alpen Fuß gefaßt. In den gemäßigten Zonen deckt sich ihr Vorkommen weitgehend mit den Weinbaugebieten.

Die «Beterin»

Die Gottesanbeterin ist entweder grün, braun oder grau gefärbt. Das Weibchen wird bis zu 7, das Männchen bis zu 5 cm lang. Der Rumpf dieser Fangschrecke ist schlank. Schlank sind auch das zweite und dritte Beinpaar. Das erste Beinpaar aber ist als ein mächtiges, stachelbewehrtes Fangwerkzeug ausgebildet. Mit Hilfe der Fang- und Schreitbeine hangelt unser Gast aus dem Süden im Zeitlupentempo durch Kraut und Strauch. Auf den Erdboden begibt er sich nur selten. Meist hängt er, die Fangbeine an den Körper angezogen, regungslos in der bodennahen Vegetation und «betet». So macht es jedenfalls den Anschein. Doch der Schein trügt. Sobald nämlich eine Fliege, eine Heuschrecke oder anderes Kleingetier in den Sehbereich der «Beterin» gelangt, ist deren «Andacht» schlagartig verflogen. Jetzt verfolgt sie mit ihrem extrem mobilen Kopfe jede Bewegung. Kommt das fixierte Tier in ihre Reichweite, so öffnet sie langsam die Fangbeine. Plötzlich schnellt sie dann vor, packt mit ihren Enterhaken das Opfer und reißt es blitzschnell an sich. Einmal zwischen den Dornenreihen der Fangbeine eingeklemmt, gibt es für die Beute kaum ein Entrinnen mehr.

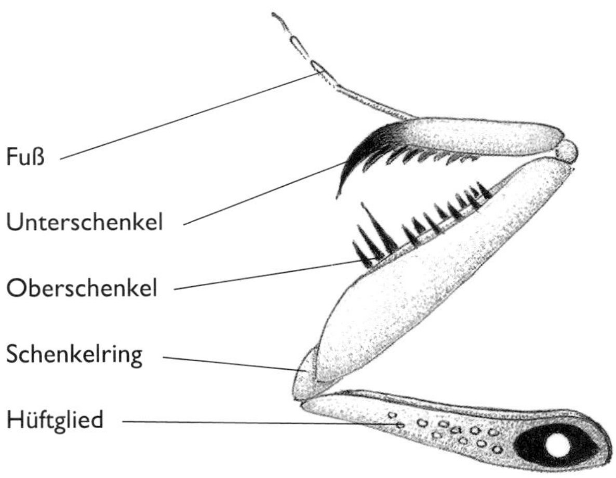

∧
Gliederung des rechten Fangbeines eines Mantis-Weibchens

Der Kannibale

Auf dem Speisezettel der Gottesanbeterin stehen: Heuschrecken, Fliegen, Bienen, Wespen und anderes Kleingetier. Kannibalismus ist keine Seltenheit bei ihr. Gelegent-

< Gottesanbeterin *(Mantis religiosa)*
Größe: bis 7 cm.
Vorkommen: auf warmen, trockenen Wiesen mit eingestreuten Büschen.
Fortpflanzung: im Sommer (meist Spätsommer).
Besonderes: In Mitteleuropa ist Mantis religiosa die am weitesten verbreitete Fangschrecke. Diese Art zeigt einen ausgeprägten Geschlechtsdimorphismus. Das Weibchen ist wesentlich größer als das Männchen. – Bei uns ernährt sich die Gottesanbeterin vor allem von Heuschrecken.

lich wird gar das Männchen während oder kurz nach der Kopulation vom Weibchen gepackt und verzehrt. Der berühmte französische Entomologe Jean-Henri Fabre (1823 – 1915) schildert uns den «Hochzeitsschmaus» eines Mantis-Weibchens wie folgt: «Ich überraschte eines meiner isolierten Paare in folgender gräßlicher Situation: Das Männchen hält während seiner vitalen Funktion das Weibchen eng umschlungen. Aber das unglückliche Insekt hat keinen Kopf mehr; es hat keinen Hals und fast keinen Vorderleib mehr. Das Weibchen aber, mit der über der Schulter zurückgedrehten Schnauze, fährt ganz gemütlich fort, die Reste seines süßen Liebhabers zu verzehren. Und dieser männliche, fest an es geklammerte Stumpf führt seine Verrichtungen weiter. … Ein Enthaupteter, ein bis zur Leibesmitte Amputierter, ein Kadaver beharrt dabei, Leben zu spenden. Er wird damit aufhören, wenn der Unterleib, der Sitz der Zeugungsorgane, angefressen wird.»

Versuch einer Erklärung

Wie läßt sich dieses «gräßliche» Geschehen erklären? Eines steht fest: Der «Gattenmord» hängt mit der geschlechtlichen Fortpflanzung zusammen, also damit, daß die Individuen der betreffenden Art in verschiedene Geschlechter getrennt sind und daß sich die Getrennten zur Fortpflanzung vereinen müssen.
Die Bereitschaft zur geschlechtlichen Vereinigung wird durch Triebe ausgelöst, die zu gewissen Zeiten heftig aufflackern und dann gar vorherrschen.
Nun gibt es verschiedene Tierarten – insbesondere aus dem Reich der Spinnen und Insekten –, bei denen der Trieb zur Vereinigung offensichtlich überbordet, bei denen anläßlich der Kopulation nicht bloß (wie üblich) die männlichen und weiblichen Geschlechtszellen, sondern auch deren «Träger» miteinander «verschmelzen».
Das Verzehren des Geschlechtspartners ist sozusagen die Karikatur der Kopulation, das heißt eine über das Ziel hinaus schießende Form der Vereinigung zweier Hälften, die erst im Miteinander ein fortpflanzungsfähiges Ganzes bilden!

Auf jede Mahlzeit folgt eine gründliche Reinigung der Beine und > Fühler. Am meisten Zeit wird auf die Sauberhaltung der Fangbeine verwendet.

Selbst die wehrhaften Wespen werden verzehrt

Nach diesem Seitenblick auf den «Hochzeitsschmaus» kehren wir zum Alltagsmenü der Fangschrecke zurück. Fliegen und Heuschrecken scheinen ihre Hauptnahrung zu sein. Gelegentlich werden aber auch Wespen verschiedener Art verzehrt. Was das Verhalten der Gottesanbeterin gegenüber diesen stachelbewehrten Hautflüglern betrifft, konnte ich folgende Beobachtung machen: Ein in Gefangenschaft lebendes, ausgewachsenes Weibchen wird von einer erbeuteten Deutschen Wespe (Paravespula germanica) in das Gelenk zwischen Ober- und Unterschenkel des rechten Fangbeines gestochen. Blut fließt aus der Wunde. Trotz heftigen Beleckens wird die Einstichstelle schwarz und das Gelenk steif. Das Fangbein ist unbrauchbar geworden. Mit absoluter Sicherheit hätte diese Verletzung für ein in Freiheit lebendes Tier den Hungertod bedeutet. Wenn der Wespentracht Warnwirkung zukommt (was ja immer wieder behauptet wird) und wenn die Mantis des Lernens fähig ist, so muß diese schlechte Erfahrung bei ihr einen nachhaltigen Eindruck hinterlassen haben. Keine Spur davon: Nach wie vor werden (nun mit der Pincette dargebotene) Wespen «erbeutet» und verzehrt. Im Zusammenhang mit dem Nahrungserwerb scheint mir noch folgendes Ereignis erwähnenswert zu sein: Ein Mantis-Weibchen fängt eine Feldheuschrecke. Zusammen mit dieser Schrecke schließt es ein dünnes Zweiglein in seine Fangbeine ein. So dünn das Zweiglein auch ist, verhindert es doch, daß der Jäger seine Beute richtig packen kann. Der Heuschrecke gelingt, nachdem sie bereits mehrere Male gebissen worden war, die Flucht. In den Fängen bleibt also lediglich das Zweiglein zurück. Lange Zeit ist nun unsere Mantis nicht fähig, mit der offensichtlich ungewohnten, nicht «vorprogrammierten» Situation fertig zu werden. Krampfhaft hält sie das Zweiglein fest; stur versucht sie, die «hölzerne Schrecke» zu eröffnen.

Das «zweite Gesicht»

Den Höhepunkt im Verhaltensrepertoire der Gottesanbeterin bildet aber nicht ihr Nahrungserwerb, sondern ihre Droh- oder Schreckstellung. Bei diesem Verhalten richtet

sich das bedrohte und sichtlich erregte Tier – im konkreten Falle ein grünes, ausgewachsenes Weibchen – steil auf und spreizt seine erhobenen, angewinkelten Fangbeine so stark, daß deren Innenseite nach vorne zu liegen kommt. Ein faszinierendes Bild wird uns jetzt dargeboten, ein Mosaik aus verschieden geformten und bunt gefärbten Elementen. Sehen wir uns die wichtigsten dieser Elemente (lies: Beinglieder) etwas genauer an: Die *Hüfte* ist lang, schlank und leicht nach außen gekrümmt. Auf sattgrünem Grunde trägt sie – nahe der Basis – einen großen schwarzen Flecken mit weißer Mitte (Ocelle = Scheinauge). Unterhalb dieses Fleckens folgt ein Meer von kleinen weißen Punkten. Der weit größere, etwas heller grüne *Oberschenkel* hat die Form einer flachen Spindel. Im Zentrum der Breitseite ist er mit einem gelben Tupfen verziert und auf der nach außen gewendeten Schmalseite von vielen grünen sowie schwarzen Stacheln eingesäumt. Der *Unterschenkel* erreicht kaum die halbe Länge seiner «Vorgänger». Im Gegensatz zu ihnen ist er nicht grün, sondern braun. Auch seine sichelartig gebogene, in eine nadelfeine Spitze auslaufende Form tanzt völlig aus der Reihe.
So verschieden diese Glieder auch geformt sind, fügen sie sich in der Drohstellung doch «nahtlos» zu einer langovalen «Fläche» aneinander. Aus dem vorher bedeutungslosen Neben- oder Nacheinander von Formen, Farben und Zeichnungen ist nun ein bedeutungsvolles Miteinander geworden: Der gelbe Oberschenkel-Tupfen kommt auf die gleiche Höhe und in die unmittelbare Nachbarschaft der schwarzen (meist weißkernigen) Hüftglied-Ocelle zu stehen. Und die dunkelbraune Spitze des Unterschenkels berührt den äußeren Rand des gelben «Vollmondes» auf dem Oberschenkel. – Für beide Fangbeine gilt in jeder Beziehung genau dasselbe. Es liegen also in der Drohstellung zwei spiegelbildlich gleiche «Flächen» nebeneinander, die sich zu einem harmonischen Bild ergänzen, einem Bild, in das auch der dreieckige Kopf einbezogen ist, das uns aber vor allem durch die symmetrisch angeordneten Scheinaugen fesselt.
Mit einem Wort: In der Drohstellung zeigt uns die Gottesanbeterin ihr «zweites Gesicht». Es ist, wie wenn sie aus tiefem Traume aufgeschreckt wäre und nun mit vor Angst weit geöffneten Augen den Störenfried anstarren würde. Der Gedanke an ein «Aufschrecken aus tiefem Traume» liegt vor allem deshalb nahe, weil sich die bedrohte Mantis steil aufrichtet. Denn ein solches Sich-Aufrichten in kritischer Situation, wie wir es auch bei anderen Tieren (beispielsweise beim Murmeltier) beobachten können, ist stets ein Zeichen erhöhter Wachheit, gesteigerten Bewußtseins. – Wie steht es nun aber um die zweite Komponente unseres zur Deutung herangezogenen Vergleiches – um «die vor Angst weit geöffneten Augen»? Angst, wie wir sie vom Menschen her kennen, ist eine heftige Gemütsbewegung, die bei großer Gefahr auftritt und mit unwillkürlichen Leibesvorgängen verbunden ist. So wie nun der Mensch vor Angst erblaßt, schwitzt, zittert, auch Mund und Augen aufsperrt, so richtet sich die gefährdete Mantis auf, spreizt ihre erhobenen Fangbeine und entblößt dabei die Ocellen. Mit diesem Verhalten stellt sie also ihre «Angst» zur Schau. Auf «Angst» deutet auch hin, daß viele Individuen unmittelbar nach der Drohstellung oder gar ohne vorausgehende «Drohgebärde» die Flucht ergreifen. – Was sich auf dieser niederen Stufe tierlicher Entwicklung noch vorwiegend in Leibesvorgängen «äußert», das «innert» sich beim Menschen weitgehend in Gemütsbewegungen. Man verstehe mich recht: Auch bei der bedrohten Mantis regt sich irgendwie das Innere. Doch ihr wird diese Regung weit weniger zum Erlebnis als vielmehr zum «Erleibnis»; ihr «fährt» – wie der Volksmund sagt – «der Schreck in die Glieder». – Das «zweite Gesicht» der Gottesanbeterin offenbart uns ein Grundgesetz der Weltarchitektonik, nämlich, daß zunächst als Äußerlichkeit erscheinen muß, was dereinst zur Innerlichkeit werden soll!

Ausdruck von Erregung

Nach der Ansicht vieler Verhaltensforscher dient die Droh- oder Schreckstellung der Feindabwehr, was in ihrem Namen zum Ausdruck kommt. Wer dem großartigen Schauspiel schon beigewohnt hat, wird ihm zweifellos allerhand Wirkenskraft zugestehen. Ob dem «zweiten Gesicht» aber gelingt, Feinde nachhaltig zu beeindrucken, das wage ich zu bezweifeln. Fabre vertritt diesbezüglich eine andere (meiner Überzeugung nach aber ebenso fragwürdige) Ansicht. Er hält die Drohstellung für eine Einschüchterungsgebärde gegenüber größeren Beutetieren, beispielsweise gegenüber der «dicken Wanderheuschrekke»: «Beim Anblick der dicken Wanderheuschrecke … nimmt die Mantis unter krampfhaften Zuckungen eine schreckenerregende Stellung ein. …
Herausfordernd auf seinen vier Hinterbeinen stehend, hebt das Insekt seinen Vorderleib fast senkrecht empor. Die Fangarme, die bis jetzt zusammengefaltet vor der Brust lagen, öffnen sich in ihrer ganzen Länge, wie die Querbalken eines Kreuzes, enthüllen die Achselhöhlen mit den Reihen von Perlchen und die schwarzen Flecken mit dem weißen Auge in der Mitte. Diese beiden Augen die ein wenig an jene des Pfauengefieders erinnern, bilden mit den feinen, wie elfenbeinernen Buckeln den Kriegsschmuck, der in gewöhnlichen Zeiten verborgen gehalten wird. Nur dann wird er aus dem Schrein genommen, wenn es gilt, sich für den Kampf schreckenerregend und großartig zu schmücken.
Unbeweglich in dieser seltsamen Haltung überwacht die Mantis die Heuschrecke, den Blick starr auf sie gerichtet, den Kopf immer ein wenig drehend, je nachdem, wie das andere Insekt seine Stellung verändert. Der Zweck dieser

Zu den eindrücklichsten Verhaltensweisen der Gottesanbeterin > gehört ihre Droh- oder Schreckstellung. Ein ausgewachsenes, erregtes Weibchen zeigt uns hier in der Drohstellung sein «zweites Gesicht».

Mimik ist einleuchtend: die Mantis will Furcht einjagen, das mächtige Wild soll durch Entsetzen gelähmt werden, denn es könnte, wenn seine Widerstandskraft nicht auf solche Weise untergraben würde, noch gefährlich sein.»
Es ist höchst unwahrscheinlich, daß sich eine Heuschrekke, dieses in psychischer Hinsicht nieder organisierte Tier, durch den «Blick» der Mantis «Furcht einjagen» oder gar «lähmen» läßt. Eines steht jedoch fest: Das Präsentieren des «zweiten Gesichtes» ist Ausdruck von Erregung. Wie sehr diese Darstellung mit Erregung verbunden ist, äußert sich auch in einer gesteigerten Atmungsfrequenz. Gegenüber dem Ruhezustand hat sich die Zahl der Atemzüge rund verdoppelt.
In Augenblicken größter Gefahr wird die optische Kundgabe aufgebrachter Innerlichkeit noch akustisch ergänzt und verstärkt. Die Bedrängte krümmt ihren Hinterleib zu einem U empor und entfaltet gleichzeitig die Flügel. Ruckartig streckt sie dann den Hinterleib wieder. Dabei streifen dessen Kanten und Fortsätze an den senkrecht stehenden Hinterflügeln und bringen diese in Schwingung; – ein zischender Laut ertönt. Das Zischen kann in kurzen Abständen mehrmals wiederholt werden.

Sie hört mit der Brust

Im Zusammenhang mit der Fähigkeit zur Lautgebung stellt sich die Frage nach dem Hörvermögen der Gottesanbeterin. Von den mit der Mantis religiosa entfernt verwandten Heuschrecken ist bekannt, daß sie sozusagen mit den Beinen oder dem Bauch hören. Diese Aussage klingt wie ein Scherz, entspricht aber den Tatsachen: Die *Langfühler*schrecken besitzen in den Vorderschienen des ersten Beinpaares, wenig unterhalb des Knies, je ein Hörorgan, das (mit Hilfe einer Lupe) an seinen schlitzförmigen Öffnungen leicht zu erkennen ist. Bei den *Kurzfühler*schrecken liegen die «Ohren», von den Flügeln verdeckt, jederseits im ersten Hinterleibssegment. Doch keine Regel ohne Ausnahme. In beiden Unterordnungen gibt es Arten, die stumm sind und denen Hörorgane fehlen. – Jetzt aber zur Gottesanbeterin: Im Gegensatz zu den Heuschrecken hört sie weder mit den Beinen noch mit dem Bauch, sondern mit der *Brust*. Wohl als einziges Tier besitzt sie auf der ventralen Seite des Thorax, mitten zwischen den Hüften der Hinterbeine, ein unpaares Hörorgan. Durch das Experiment ist festgestellt worden, daß unsere Fangschrecke Ultraschall wahrnimmt. Die Versuchstiere haben auf die ultrakurzwelligen Ortungslaute jagender Fledermäuse mit abrupten Änderungen ihrer Flugrichtung reagiert.

Ein gefährliches Unternehmen

Kehren wir nochmals kurz zu den Hochzeitsbräuchen der Gottesanbeterin zurück. Die Mantis-Hochzeit fällt in den Spätsommer. Das Suchen des Partners scheint weitgehend Sache der schlanken Männchen zu sein. Jedenfalls sieht man sie zur Paarungszeit oft über lange Strecken fliegen, wogegen die plumpen Weibchen flugunfreudig an der Erde haften. Bei den letzten Schritten zur Annäherung erweckt der Freier den Anschein, als wüßte er um die Gefährlichkeit seines Tuns, denn äußerst vorsichtig pirscht er sich von hinten an seine Auserwählte heran. Auf Reichweite bleibt er lange Zeit regungslos hinter ihr stehen; zaghaft betastet er mit seinen langen Fühlern ihre Flügelspitzen. Plötzlich geht er aber zum Angriff über. «Angriff» ist keineswegs übertrieben, wird doch die letzte Hürde im Sprung genommen. Mit den Fangbeinen klammert sich das Männchen auf dem Rücken des Weibchens fest. Seine Antennen hält es nach vorne gerichtet, als wollte es die Stimmung seiner Partnerin erkunden. Ob der «Mut» des Bräutigams mit dem Leben bezahlt werden muß oder nicht, das hängt weitgehend vom Hunger und der Paarungsbereitschaft der Braut ab.

Die Eiablage

Kurze Zeit nach der Paarung, meist im Monat September, beginnt das Weibchen mit der Eiablage. Einige Hundert Eier bettet es in eine weiße, schaumartige Masse ein. An der Luft erhärtet der Schaummantel rasch, wird zäh-elastisch und färbt allmählich von Weiß nach Braun um. Die Eiablage wird in Abständen von rund zehn Tagen mehrmals wiederholt. Der Samenvorrat einer einzigen Begattung reicht für die Befruchtung sämtlicher Eier aus. Die 3 – 4 cm langen, spindelförmigen Kokons – von den Zoologen Ootheken oder Ovotheken genannt – finden wir an Mauern, unter Steinen und in der dichten Bodenvegetation.

An den Kokons lassen sich deutlich drei längsverlaufende Zonen unterscheiden. Die mittlere, etwa 5 Millimeter breite Zone ist aus zwei Reihen dachziegelartig angeordneter, quer zur Längsrichtung des Kokons stehender Plättchen gebildet. Aus den Spalten zwischen diesen Plättchen werden im kommenden April oder Mai, also rund ein halbes Jahr nach der Eiablage, die Larven schlüpfen. Genau genommen ist das schlüpfende Mantiskind noch keine freie Larve, sondern eine kahnförmige Übergangsform, die von den Zoologen «Prolarve» genannt wird. Die Haut dieser Prolarve ist mit feinen, nach rückwärts gerichteten Borsten dicht besetzt. Durch die Schräglage dieser Borsten kann der «Kahn» bei jeder Bewegung nur in einer Richtung, nämlich nach vorne und damit zum Nestausgang gleiten.

Die Häutung

Die Gottesanbeterin gehört zu den Insekten mit *unvollkommener* Verwandlung. Ihre Entwicklung verläuft also *kontinuierlich* von Häutung zu Häutung, und das letzte Larvenstadium geht *ohne Puppenruhe* in die Imago über. An einem 17. August hatte ich die seltene Gelegenheit, der Imaginalhäutung einer Larve von Mantis religiosa beizuwohnen. Hier meine entsprechenden Aufzeichnungen:

Die rund 4 cm lange Larve hängt in Rückenlage, den Kopf nach unten, an einer Brombeerranke. Ihre noch verhältnismäßig kleinen Flügelanlagen, die normalerweise eng dem Körper anliegen, hält sie seitwärts abgespreizt. Dies ist ein untrügliches Zeichen dafür, daß ihre Häutung unmittelbar bevorsteht. Tatsächlich fängt das zusehends unruhiger werdende Tier schon nach wenigen Minuten an, sich zu strecken, zu krümmen und zu winden. Eine Zeitlang hält das ausgediente Kleid den Zerreißproben noch stand, dann platzt es aber am Brustabschnitt zwischen den Flügelscheiden auf, und die Imago streift nach und nach die alte Hülle als Ganzes ab. Gegen das Ende der Häutung wird die Lage kritisch: Von der Gottesanbeterin steckt jetzt nur noch die Hinterleibsspitze in der Exuvie (abgestreifte Körperhülle), und diese ist – oh Schreck – lediglich noch mit den leeren Häuten der Schreitbeine an der Un-

< Bei der Paarung schleicht sich das Männchen vorsichtig von hinten an das Weibchen heran. Vorsicht ist hier deshalb geboten, weil das Männchen gelegentlich während oder kurz nach der Kopulation vom Weibchen gepackt und verzehrt wird.

Die 3 – 4 cm langen Kokons der Gottesanbeterin finden wir an Mauern, unter Steinen oder in der dichten Bodenvegetation. Jeder von ihnen enthält 100 – 300 Eier. Beim abgebildeten Exemplar ist die rund 5 mm breite, längsverlaufende Mittelzone, aus der die Jungtiere schlüpfen werden, gut zu sehen. >

terlage befestigt. Das Leben der Neugeborenen hängt jetzt also buchstäblich an einem «dünnen Faden». Doch dieser «Faden» hält. Allerdings verharrt die Imago in dieser gefährlichen Situation auch völlig regungslos. Ein seltsames Bild bietet sich uns hier dar: Kopfabwärts, alle Beine weit von sich gestreckt, schwebt der «Akrobat» sozusagen frei im Raum. Sein «Schweben zwischen Leben und Tod» dauert 20 – 30 Minuten, stets so lange, bis der neue Panzer (Außenskelett) erhärtet ist. Sobald die Beine tragen, richtet sich das mittlerweile deutlich größer gewordene Tier auf, klammert sich mit den Fußkrallen an der Unterlage fest und strampelt dann mit Hilfe des letzten Beinpaares die noch immer an der Hinterleibsspitze haftende Larvenhaut vollends ab.
Gut geschlüpft ist erst halb gewonnen. Noch müssen die vier lappig zusammengefalteten Flügel ausgebreitet werden. Unter hohem Druck wird jetzt Blut durch die Flügeladern gepreßt. Erstaunlich, in welch kurzer Zeit sich die künftigen Flugorgane – von der Basis zur Spitze hin – entfalten. Das ganze Geschehen hat 1 1/2 Stunden (von 15 h – 16.30 h) gedauert. Aus der 3 cm langen, erdgebundenen Larve ist eine nahezu doppelt so große, flugfähige Imago geworden.

Biotoptracht

Kommen wir zum Schluß nochmals kurz auf die Farbe der ausgewachsenen Gottesanbeterin zurück. Wie wir gesehen haben, gibt es in beiden Geschlechtern grüne, braune und graue Exemplare. All diese Farbvarietäten stimmen in auffallender Weise mit dem Kolorit ihrer Umwelt überein. Im Gegensatz zur jungen Larve kann das ausgewachsene Insekt sein Kleid nicht der Farbe des Milieus anpassen. Hingegen hat es die erstaunliche Fähigkeit, einen Untergrund aufzusuchen, der mit seiner Eigenfarbe übereinstimmt. Erstaunlich ist diese Fähigkeit deshalb, weil die Gottesanbeterin weder um die eigene noch um die Farbe der Umwelt *weiß*. Wissen setzt ein überschauendes Denken voraus. Hier ist also nicht Wissen, sondern Instinkt am Werk. Ein angeborener Trieb führt Grün zu Grün, Braun zu Braun und Grau zu Grau. Die unbewußte, zwangshafte Farbübereinstimmung deutet darauf hin, daß auf dieser niederen Entwicklungsstufe das Tier und seine Umwelt noch weitgehend eins sind. Die korrespondierende Farbe der Umwelt gehört zur Mantis wie das Haus zur Weinbergschnecke. In «seiner» Farbe findet das Insekt Ruhe und Unterschlupf.

Der Feld-Sandlaufkäfer

Vorkommen und Aussehen

Die Sandlaufkäfer sind in vielen Arten über die ganze Erde verbreitet. Ihre vertikale Ausbreitung erstreckt sich vom Meeresstrand bis ins Gebirge. Alle Arten sind an warme, mit spärlichen Vegetationen bedeckte Orte gebunden. Meist trifft man sie auf sandigen Wegen oder in stillgelegten Kiesgruben. Dort jagen sie im hellen Sonnenschein nach Insekten und anderem Kleingetier.
In tieferen Lagen ist der Feld-Sandlaufkäfer (Cicindela campestris) am häufigsten anzutreffen. Mit ihm wollen wir uns nun eingehend befassen: Das vollentwickelte Insekt erreicht eine Länge von rund 15 Millimetern. Seine Flügeldecken sind auf smaragdgrünem Grund weiß gefleckt. Smaragdgrün schillern auch die langen, dünnen Beine. Der «Grüne Jäger» imponiert uns durch sein sonderbares Verhalten: Auf sonnenbeschienenen Wegen rennt er hastig vor dem Wanderer hin, fliegt eine kurze Strecke, landet auf der hartgetretenen Piste, kehrt sich dem «Verfolger» zu und sucht schon wieder das Weite. Dieses Spiel wiederholt er mehrere Male, bis er sich schließlich doch seitwärts in die Büsche schlägt.

Paarung

Die Feld-Sandläufer paaren sich im Mai. Kurz nach der Paarung erfolgt die Eiablage. Die Eier werden einzeln, jedoch in Schüben von 10 – 20 Stück abgelegt. Für jedes Ei hebt das Weibchen an sonniger Stelle eine kleine Grube aus, die es unmittelbar nach dem Legeakt mit Erde verschließt. Nach einer Entwicklungszeit von 8 – 10 Tagen schlüpfen die Larven. Diese graben nun einen zylindrischen, meist senkrecht abfallenden Gang in die Erde. Infolge der schubweisen Eiablage liegen immer mehrere Larvengänge dicht beisammen. Ihre Öffnungen sind kreisrund und haben – je nach dem Alter der Larve – einen Durchmesser von 1 – 5 Millimetern. Der Gang einer ausgewachsenen Larve kann bis zu 50 cm lang werden.

Scheuer Höhlenbewohner

Tagsüber, bei sonnigem Wetter, sitzen die Larven am Eingang ihrer Behausung und lauern dort auf Beute. Sie sind außerordentlich scheu. Vor dem Menschen fliehen sie schon auf eine Distanz von rund zwei Metern. Nach meinen Beobachtungen an gefangen gehaltenen Tieren wird die Flucht sowohl durch optische Eindrücke als auch durch Erschütterungen des Bodens ausgelöst.
Da sich der Flüchtling längere Zeit in der Tiefe seines Schachtes verborgen hält, wird ihn der eilige Wanderer kaum zu Gesicht bekommen. Doch «Geduld bringt Rosen»; Geduld bringt uns auch die Begegnung mit dem scheuen Höhlenbewohner.
Wappnen wir uns also mit Geduld und setzen uns – in gebührendem Abstand – regungslos an eines der kreisrunden Larvenlöcher. Schon nach wenigen Minuten taucht am Röhreneingang der Kopf der Larve auf – aber nur für einen Augenblick. Wie vom Blitz getroffen, auch mit Blitzesschnelle, verschwindet der Kobold wieder in der Tiefe seines Baues. Wieder taucht die Larve auf – wieder taucht sie unter. Dies wiederholt sich so lange, bis sich das scheue Tier an die neue Umgebung gewöhnt hat. Langsam rücken wir nun vor. Schließlich kommen wir dem «Wildfang» so nahe, daß wir ihn, das heißt seinen Kopf, unter der Lupe betrachten können. Was wir aus Distanz als Kopf gedeutet haben, das erweist sich jetzt als die Kombination von Kopf und Brustschild. Diese beiden Körperteile bilden zusammen eine kreisrunde Scheibe, deren Durchmesser genau demjenigen des Röhreneinganges entspricht. Wie die Pfannenöffnung durch den passenden Deckel, wird der Röhreneingang durch den Kopf und das Brustschild «hermetisch» abgeschlossen.

Ein seltsames Geschöpf starrt uns da entgegen. Es ist, als wären wir in die Unterwelt eingedrungen und blickten dem leibhaftigen Teufel ins Gesicht. Im Kopf der Sandlaufkäfer-Larve hat die Gier Gestalt angenommen: Vorne am Kopf sitzen zwei mächtige, einwärts geschwungene Zangen. Vier große Punktaugen, zwei links und zwei rechts, ragen wie Teleskope aus dem schwarzen «Antlitz» empor. Was folgt wohl auf die «teuflische» Fratze? Unser Wissensdurst ist erwacht. Wie die Katze auf die Maus, lauern wir am Röhreneingang auf die Käferlarve. Jetzt taucht die Langersehnte auf. Rasch schneiden wir ihr den Fluchtweg ab. Was uns da ins Netz gegangen, ist – erbärmlich – ein 1 1/2 Zentimeter langer bleicher Wurm mit schlankem, stark segmentiertem Leib. Seine Brustringe sind mit drei Paar verhornten Beinen versehen; sein fünfter Hinterleibsring ist auf der Rückenseite zu einem fleischigen Höcker angeschwollen. Auf diesem Höcker sitzen zwei nach vorne gerichtete, kuhhornartig geschwungene Dornen. Am Ende des Hinterleibes finden wir noch einen stark behaarten «Nachschieber». Hart sind Kopf, Brust und Beine, weich die übrigen Körperteile.

Feld-Sandlaufkäfer *(Cicindela campestris)* ^
Größe: bis 15 mm.
Vorkommen: auf trockenen, sandigen Wegen / kollin-subalpin.
Flugzeit: April – August.
Besonderes: An sonnigen Tagen rennt auf dem Feldweg ein smaragdgrüner Käfer vor uns hin. Er rennt ein Stück, fliegt ein Stück, läßt uns nach der Landung bis auf wenige Meter an sich herankommen und beginnt dann das Spiel mit dem «Verfolger» von neuem. So etwa ließe sich die typische Begegnung mit dem Feld-Sandlaufkäfer beschreiben.

Die Larven der Sandlaufkäfer leben in selbst gegrabenen Erdröhren. Bei unserer Annäherung verschwindet der Wegelagerer in der Tiefe seines Baues. Kaum sind jedoch unsere Schritte verhallt, taucht der Flüchtling wieder am Eingang seiner Behausung auf. Mit seinem sandbedeckten Kopf schließt er die Röhrenmündung hermetisch ab. Als Sand unter Sand ist er kaum zu erkennen. >

Das Experiment bringt es an den Tag

Wir setzen nun das hilflose Geschöpf in einen zu Dreivierteln mit Erde gefüllten Glasbehälter. Unmittelbar an einer der Wände des Behälters bohren wir mit einem Nagel ein kleines Loch in die Erde, und zwar so, daß wir von außen her den künftigen Höhlenbewohner sehen können. Durch diese Anordnung soll uns die Larve denjenigen Teil ihrer Lebensweise enthüllen, der sich normalerweise in der Tiefe der Erde unseren Blicken entzieht.
Ohne auch nur einen Augenblick zu zögern, nimmt die Heimatlose den Rohbau ihrer neuen Behausung an. Sie hat es eilig, im Boden zu verschwinden. Offensichtlich setzt das Tageslicht ihrem nackten Körper stark zu. Kopfvoran zwängt sie sich in den engen Gang. Sofort beginnt sie, den Schacht auf ihre Dimension zu erweitern. «Ihre Dimension» ist der Umfang des scheibenförmigen Kopfes (der Einfachheit halber bezeichnen wir fortan die Kombination von Kopf und Brustschild als Kopf). Mit den Kieferzangen beißt sie Stück um Stück der festgestampften Erde los. Durch stetes Sich-Drehen-um-die-Längsachse rundet sie den Schacht. Die ersten Häuflein losgebissener Erde hebt sie durch bloßes Rückwärtsschreiten aus. Sobald aber der Schacht eine Tiefe von 3 – 4 Zentimetern erreicht hat, ändert der Baukünstler seine Aushubmethode. Nachdem er kopfvoran abgestiegen ist, schlägt er auf dem Grund des Baues einen Salto rück- beziehungsweise aufwärts. Bei dieser Wendung um 180° lädt er sich das Grabgut auf den schaufelförmig eingedellten Kopf und klettert nun mit seiner Last zum Röhreneingang empor. Dort angelangt, spickt er in hohem Bogen fort, was er zu Tage gefördert hat. Wieder wendet er sich um 180°, steigt abermals kopfvoran in den Schacht hinab und beginnt von neuem zu graben.
Schon immer ist uns aufgefallen, daß rings um den Bau der Sandlaufkäfer-Larven kein Aushub zu sehen ist. Jetzt kennen wir die Methode zur Sauberhaltung des eigenen Hauseinganges: «Werfen wir's rüber zum Nachbarn!» Doch nicht der ganze Aushub landet beim «Nachbarn». Einen Teil der losgebissenen Erde pressen die Larven mit ihrem Kopf in die Schachtwände, festigen so den Bau und planieren unebene Stellen.

Feste Verankerung

In der Ruhestellung hält die Larve den scheibenförmigen Kopf im rechten Winkel zum Rumpf. Beim Klettern im Schacht stellt sie ihn schief, so daß er lediglich an zwei Punkten die kreisrunde Röhrenwand berührt, also ein Minimum an Reibung verursacht. Zur Fortbewegung benützt sie ausschließlich die Beine. Dies muß deshalb besonders erwähnt werden, weil schon die Ansicht vertreten worden ist, der schlanke «Wurm» bewege sich nach Art der Raupen fort. Zu dieser Ansicht hat wohl der «Nachschieber» verleitet. Dieses Organ dient unserem Höhlenbewohner jedoch nicht zur Fortbewegung, sondern als Anker. In der Ruhestellung krümmt die Larve den Hinterleib zum «Katzenbuckel» empor, preßt einerseits das bedornte Rückenpolster, andererseits den behaarten Nachschieber an die Röhrenwand und verankert sich auf diese Weise fest in ihrer Behausung. Absolut fest sitzt aber nur der Hinterleib vom fünften Segment an. Der Vorderleib ist von jeder Haltefunktion befreit und kann in engen Grenzen vorgestreckt oder eingezogen werden. Das spielt beim Beutefang eine ausschlaggebende Rolle. Nur wenn der Wegelagerer eine gewisse Bewegungsfreiheit besitzt, kann er sein Opfer greifen.

Ein Kampf mit ungleichen Waffen

Das Schlagen der Beute ist ein Kampf mit ungleichen Waffen. Mit dem Biß spritzt die Larve ihrem Gegner ein rasch wirkendes Gift ein. Schon wenige Sekunden nach der Injektion erlahmen die Kräfte des Opfers, und die Mahlzeit beginnt. Was an der Beute verdaulich ist, wird aufgelöst und eingesogen, was nicht verdaut werden kann, in hohem Bogen an die Luft befördert.

Magere Kost

Selbst beim Beutefang verläßt also die Larve ihre Behausung nicht. «Festgemauert in der Erde» sitzt sie am Eingang ihrer Wohnröhre. Nur was zufällig den Röhreneingang überquert oder in die Röhre hineinschlüpft, kann gepackt und gefressen werden. Daß bei solcher Jagdweise der Tisch nicht reich gedeckt ist, braucht wohl kaum besonders erwähnt zu werden. Viele Larven müssen – obwohl sie wochenlang ohne Nahrung sein können – verhungern. Doch das große Larvensterben ist durch einen ebenso großen Eiüberschuß «eingeplant».

Von der Larve zur Puppe; von der Puppe zum Vollinsekt

Nach einer Entwicklungsdauer von ein bis zwei Jahren ist die Larve des Sandlaufkäfers ausgewachsen. Im Laufe des Hochsommers, meist im August, verpuppt sie sich auf dem Grund ihrer Behausung. Das Puppenstadium dauert zwei bis vier Wochen. Dem Vollinsekt fällt dann die Aufgabe zu, sich durch den verschütteten Larvengang ans Licht zu stemmen. Nach ihren ersten Streifzügen in die neue Umwelt kehrt die Imago meist in die Puppenwiege zurück. Oft überwintert sie auch in dieser tiefliegenden Kammer.

Das Märchen von der Tarnkappe

Zum Schluß noch ein paar wenige Gedanken zu einem Problem, das im Zusammenhang mit der Sandlaufkäfer-Larve regelmäßig auftaucht – gemeint ist das Problem ihrer «Tarnkappe». Der Kopf der Larve ist mit feinen Härchen dicht besetzt. Zwischen diesen Härchen bleibt der Sand in einer dünnen Schicht haften. Verschließt nun die Larve mit ihrem sandbedeckten Kopf den Röhreneingang, so löst sie sich optisch vollkommen in der Umgebung auf: als Sand unter Sand ist sie kaum zu erkennen. Aus diesem Grunde wird die Kopfbedeckung der Larve immer wieder als Tarnkappe gedeutet.

Vor solch voreiligen Schlüssen wollen wir uns hüten. Fragen wir uns vielmehr: Vor wem soll sich denn die Larve verbergen, vor ihrer Beute, vor ihren Feinden? Ihre Beute besteht zur Hauptsache aus Ameisen – Tieren also, die sich fast ausschließlich nach dem Geruch orientieren und bei denen der Gesichtssinn, der hier ja allein in Betracht käme, eine untergeordnete Rolle spielt. Im Versuch habe ich denn auch festgestellt, daß Ameisen weit öfters in die Falle gehen, wenn die Larve nicht am Eingang ihrer Behausung sitzt, ihre «Tarnkappe» also nicht zur Geltung kommen kann. Dann nämlich schlüpfen die ahnungslosen Tiere in den Schacht hinein und müssen ihre «Neugierde» mit dem Leben bezahlen. – Bleiben also noch die Feinde. Unter ihnen steht die Trugameise (Methocha ichneumonoides), ein kleiner Hautflügler, an erster Stelle. Das flügellose Methocha-Weibchen dringt in die Röhre der Sandlaufkäfer-Larve ein, gerät dort in die Zangen des Einwohners und wird – wie jede Beute – hochgehoben. Rasch krümmt jetzt die Trugameise ihren Hinterleib und versetzt der Larve einen Stich in den ungeschützten Hals. Mit dem Stich spritzt Methocha ihrem Gegner ein lähmendes Gift ein. Sie selbst bleibt – wohl ihres schlanken Leibes wegen – unverletzt. Unter der Wirkung des Giftes erlahmen die Kräfte der Larve rasch. Jetzt löst sich die Trugameise aus der Umklammerung und legt ihr Ei an das wehrlose Opfer. Nach der Eiablage verschließt sie den Larvengang mit Erde. Schon nach kurzer Zeit schlüpft aus dem Trugameisen-Ei die Larve. Sofort klammert sich das winzige Geschöpf an der Käferlarve fest und beginnt nun, die Gelähmte bei lebendigem Leibe auszusaugen. Ich glaube, wir sind uns darin einig, daß sich auch die Trugameise nicht durch eine Tarnkappe täuschen läßt. Nein, die Sandlaufkäfer-Larve kann nicht als Kronzeuge für die «Tarnung im Tierreich» angerufen werden. Hingegen können wir durch sie erfahren, daß des einen Zehrer des andern Nährer ist. Das, wiederum, läßt uns verstehen, was Goethe meint, wenn er von der Natur sagt: «Leben ist ihre schönste Erfindung, und der Tod ist ihr Kunstgriff, viel Leben zu haben.»

∧
Am Eingang ihrer Behausung lauert die Sandlaufkäfer-Larve auf Beute. Sobald beispielsweise eine Ameise den Röhreneingang überquert, schnappt die Falle zu. Was an der Beute verdaulich ist, wird zur «Fleischbrühe» aufgelöst und eingesogen, was nicht verdaut werden kann, in hohem Bogen an die Luft befördert.

Das Tagpfauenauge

An sonnigen Sommertagen gaukelt über dem Blütenteppich unserer Wiesen ein Heer von Schmetterlingen. Neben vielen «Namenlosen» treffen wir auch ein paar allgemein Bekannte. Zu ihnen gehört zweifellos das in ganz Europa weit verbreitete, von der Meeresküste bis in Höhen von 2500 m vorkommende Tagpfauenauge (Inachis io). Am Beispiel dieses «Kosmopoliten» wollen wir das «offenbare Geheimnis» der Schmetterlingsmetamorphose betrachten und bestaunen.

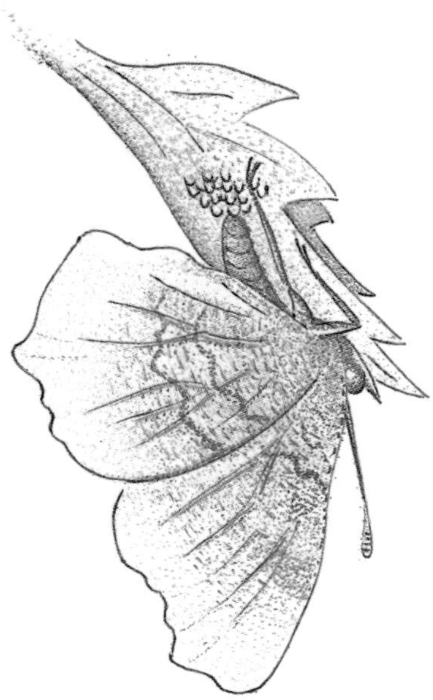

∧
Weibchen des Tagpfauenauges bei der Eiablage.
Die Flügel des Tagpfauenauges sind oberseits bunt gefärbt und auffallend gemustert; unterseits weisen sie schlichte Farben und ein unauffälliges Muster auf. In den verschieden gestalteten Flügelseiten sind Auffallen und Verbergen als polare Verhaltensweisen vorbereitet.

Bindung an die Brennessel

Der stickstoffhaltige Boden rings um einen Kuhstall ist dicht mit Brennesseln (Urtica dioeca) bedeckt. Über dem wogenden Blättermeer tanzt hier und dort ein ziegelroter Falter. Bald tanzt er solo, bald duo und wirbelt dann mit seinem Gefährten weit in die Höhe, der Sonne entgegen. Doch stets kehren die Tänzer zum Meer der Nesselblätter zurück. Hin und wieder taucht einer gar für längere Zeit in den grünen Fluten unter.
Was mag es nur sein, das den Falter zur Brennessel zieht? Die Nahrung ist es nicht, denn Urtica dioeca gehört zu den Windblütlern und sondert keinen Nektar ab.

Die Eiablage

Vorsichtig nähern wir uns der Stelle, an der soeben einer der tanzenden Falter im Blättermeer verschwunden ist. Aus der Nähe betrachtet, entpuppt sich der Tänzer als Tagpfauenauge. Mit über dem Rücken hochgeklappten Flügeln hängt das zarte Geschöpf an der Unterseite eines Nesselblattes. Seine Hinterleibsspitze berührt die Blattspreite. In dieser Stellung verharrt der Tänzer längere Zeit regungslos. Schließlich breitet er seine bunten Flügel wieder aus und hebt zu neuem Tanze an. Jetzt haben wir Gelegenheit, die Stätte seines Verweilens näher zu betrachten. Welche Überraschung: Der Falter hat ein kleines Häuflein winziger Eier an die Blattunterseite geheftet. Und welch eine Pracht: die hellgrünen Kegelchen sind reich mit Längsleisten verziert.
Obwohl der ausgewachsene Falter sonst keinerlei Beziehung zur Brennessel hat, vertraut er ihr seine Eier an. Instinktiv sucht er zur Eiablage diejenige Pflanzenart auf, die den künftigen Raupen als Nahrung dienen wird. Woher weiß denn der Falter um die Nahrung der Raupen? Kann er sich wohl an die eigene Raupenzeit erinnern? Nein, das kann er nicht und braucht er auch gar nicht zu können. In seinen Organen und den aus den Organen aufsteigenden Trieben hat er einen sicheren Führer. So, wie ihn Hunger und Durst zur richtigen Blüte (Nektar) führen, so führt ihn auch der Legetrieb zum richtigen Blatt.

Tagpfauenauge *(Inachis io)* >
Größe: Flügelspannweite ca. 6 cm.
Vorkommen: Überall, wo die wichtigste Futterpflanze der Raupe, die Brennessel, wächst. Der Falter fliegt ab Juli und nach der Überwinterung bis Mai.
Besonderes: Instinktiv sucht das Falterweibchen zur Eiablage jene Pflanzenarten auf, die der künftigen Raupe als Nahrung dienen wird. So, wie Hunger und Durst den Falter zur nährenden Blüte führen, so führt ihn der Legetrieb auch zum nährenden Blatt.

Vom Ei zur Raupe

Schon nach wenigen Tagen schlüpfen aus den winzigen Eiern ebenso winzige Raupen. Aus der ehemaligen Eigemeinschaft wird jetzt eine Raupengemeinschaft. Denn die auf schwarzem Grund weiß getüpfelten und mit schwarzen Dornen bewehrten Räupchen bleiben auf engem Raum beisammen. Bald wird den nimmersatten Gesellen die Haut zu eng. Mit vereinten Kräften spinnen sie aus zarter Seide ein Lager zur Häutung. Wie auf ein geheimes Kommando, fast zur gleichen Stunde, entledigt sich die ganze Schar der ausgedienten Kleidung. Als schwarze Knäuel bleiben die abgestreiften Hüllen im Häutungslager zurück. Doch schon nach wenigen Tagen ist auch die neue Haut wieder zu eng geworden. Erst nach vier bis fünf Häutungen sind die Raupen des Tagpfauenauges ausgewachsen.
Kurz vor ihrer letzten Häutung werden die schwarzen Gesellen von einem mächtigen Wandertrieb befallen. Jetzt löst sich der Verein auf. Jedes Individuum sucht für sich einen möglichst hoch gelegenen Ort zur Verpuppung. Die Auswanderer kommen erst wieder zur Ruhe, wenn sie eine Stelle gefunden haben, an der sie mit dem Vorderleib ungehindert nach allen Richtungen schwingen können. Da, wo der schwingende Raupenleib an kein Hindernis stößt, da hat später auch der schlüpfende Schmetterling genügend Raum für die Entfaltung seiner Flügel. Großartig: Bei der Eiablage sorgt der Falter für die kommende Raupe vor; bei der Verpuppung richtet sich die Raupe nach den Bedürfnissen des künftigen Falters. Im Phänomen der Vorsorge offenbart sich uns die Zielstrebigkeit der Schmetterlingsmetamorphose mit aller wünschenswerten Deutlichkeit.

Von der Raupe zur Puppe

Sobald die Raupe einen zur Verpuppung geeigneten Ort gefunden hat, spinnt sie aus dem Sekret ihrer Kopfdrüsen ein kleines Seidenkissen. Wie ein Weberschiffchen pendelt jetzt ihr Vorderleib über die Unterlage hin und her. Bei jedem Hin und bei jedem Her spinnt sie einen hauchdünnen Faden und heftet ihn beidseits auf der Unterlage fest. In wenigen Minuten ist das Ruhekissen erstellt. Nun gleitet die Raupe langsam über den Seidenhügel hinweg. Sobald sie mit der Hinterleibsspitze das Gespinst berührt, bleibt sie unverrückbar stehen. Die Hinterleibsspitze trägt zwei Kränze von winzig kleinen Hakenborsten. Mit diesen feinen Häkchen heftet sie sich nun im Seidenpolster fest und läßt sich dann kopfabwärts hängen. Rund 15 Stunden

< Rund zwei Wochen nach der Eiablage schlüpfen die Raupen. Ihre Lebensäußerungen bestehen hauptsächlich aus Fressen und Ruhen. So wird ihnen alle paar Tage die Haut zu eng. Vier- bis fünfmal müssen sie sich häuten, bis sie ausgewachsen und reif für die Verpuppung sind. Die Abbildung zeigt uns eine ausgewachsene Raupe bei der Puppenhäutung.

Während des Puppenstadiums wird die Raupensubstanz bis auf kleine Inseln aufgelöst und neuem Werden zugeführt: Die erdgebundene Raupe wird in den geflügelten Falter umgewandelt. Beim Schlüpfakt reißt die Puppenhülle entlang den Fühlerscheiden auf, und die Imago schiebt sich ans Licht. >

Aus der vitalen Raupe ist ein sensibler Falter geworden. Was sich bei der Metamorphose vom Ei zur Imago von Stufe zu Stufe entwickelt, ist weit weniger die Lebenstüchtigkeit, wie auf Grund der Selektionstheorie zu erwarten wäre, als vielmehr die Mobilität, die Sensibilität und (vor allem) die Ranghöhe der sichtbaren Gestalt. >>

lang verharrt die Raupe regungslos in dieser Lage. Nur hin und wieder läuft – von hinten nach vorn beziehungsweise von oben nach unten – eine schwache Dehnungswelle durch ihren Leib. Mit jeder dieser Wellen schwillt die Kopf-Brust-Partie der hängenden Raupe mehr an, bis schließlich die angespannte Haut im Nacken aufreißt. Zum Vorschein kommt die kegel- bis walzenförmige und meist hellgrüne Puppe. Der stark gepanzerte Puppenleib scheint völlig starr zu sein. Doch der Schein trügt. Zwischen den Panzerringen des Hinterleibes bleibt die Haut dehnbar, was der Puppe gestattet, sich seitwärts zu bewegen. Durch «Zappeln seitwärts» streift sie denn auch das zerschlissene Raupenhemd nach oben. Nun streckt sie aus der zerknüllten Raupenhaut ihre Hinterleibsspitze hervor und tastet mit ihr nach dem Haftpolster. Wie bei der Raupe, ist auch bei der Puppe die Hinterleibsspitze mit feinen Häkchen versehen; und wie die Raupe, hält sich auch die Puppe mit diesen Häkchen im Haftpolster fest. –

Das Innere der jungen Puppe zeigt recht wenig Struktur. Das Äußere läßt jedoch von allem Anfang an einige der künftigen Falterorgane erkennen. So sind zum Beispiel die Fühler, Flügel und Beine als nach außen gewölbte Scheiden vorgebildet. Das Vollinsekt wirft also in der Puppenhülle seinen Schatten voraus.

Wo Neues entstehen soll, muß Altes vergehen. Von dieser Regel ist auch die Schmetterlingsmetamorphose nicht ausgenommen. Im Innern der Puppe werden die Raupenorgane bis auf kleine Inseln zu einem formlosen Brei abgebaut. Aus dem «Chaos» entsteht in wenigen Tagen ein neuer «Kosmos»: Der Raupenbrei wird zur Faltergestalt umgewandelt. – Gegen das Ende der rund zehntägigen Puppenzeit wird die Puppenhülle allmählich von innen her abgebaut. Immer deutlicher schimmern die Farben des werdenden Falters durch die sich lichtende Hülle. Dies ist ein untrügliches Zeichen dafür, daß die Imago kurz vor dem Schlüpfen steht.

Von der Puppe zum Falter

Beim Schlüpfakt vergrößert der Schmetterling sein Körpervolumen durch Luftaufnahme. Eine Zeitlang dehnt sich die dünnwandige Puppenhülle mit, dann aber reißt sie an den vorgebildeten Nähten entlang den Fühlerscheiden auf. Das Schlüpfen der Imago beginnt. In rascher Folge zieht das Vollinsekt all seine Körperanhänge aus den Scheiden und schiebt sich dann vollends ins Freie. Meist krallt sich der frisch geschlüpfte Falter mit den Beinen an der leeren Puppenhülle fest, so lange, bis seine mächtigen Flügel entfaltet und erhärtet sind. In einem letzten Akt gibt die Imago den sogenannten Puppenharn, eine orangegelbe Flüssigkeit, durch den Darm ab, dann flattert sie dem Lichte entgegen.

Einheit in der Vielheit

Was «ist» nun eigentlich der Schmetterling, ist er Ei, Raupe, Puppe oder Imago? Die Antwort muß lauten: Keines für sich allein, wohl aber alle zusammen. Jedes der vier Stadien ist Welle in einem Strom, den wir Entwicklung nennen. Im Gegensatz zum Anorganischen hat das Organische die Zeit in sich aufgenommen. Das Lebewesen hat also nicht nur eine Raum-, sondern auch eine Zeitgestalt. Die einverleibte Zeit – nochmals sei es gesagt – offenbart sich in der Metamorphose, im Stirb und Werde. Mit dem Begriff «Zeitgestalt» sind wir dem Erkennen des Lebendigen einen großen Schritt näher gekommen.

Auffallen und Verbergen

Was den Falter zum Falter macht, sind seine Flügel. In den Flügeln des Tagpfauenauges sind Auffallen und Verbergen als polare Verhaltensweisen vorgebildet. Die Flügeloberseiten sind bunt gefärbt und auffällig gemustert; die Flügelunterseiten hingegen weisen schlichte Farben und ein verbergendes Muster auf. Wenn nun der Falter von Blüte zu Blüte flattert, oder wenn er sich zum Sonnenbad auf der Erde niederläßt, so präsentiert er die auffallenden Flügeloberseiten. In der Ruhestellung hält er seine Flügel hochgeklappt, so daß deren unauffällige Unterseite erscheint. Verschwunden ist die Farbenpracht und mit ihr der ganze Falter. Das Tagpfauenauge verbirgt sich in den korrespondierenden Farben seiner Umwelt.

Ist das auffällige Flügelkleid eine Schrecktracht?

Die maßgebenden Verhaltensforscher interpretieren das auffällige Farbmuster der Flügeloberseite als «Warn- oder Schrecktracht». Durch das plötzliche Präsentieren des Scheingesichtes sollen die Feinde, vor allem die Vögel, am Zupacken gehindert werden. Diese Deutung stützt sich auf das Resultat entsprechender Versuche im Labor. Wie aber sieht die Sache in natura aus?

Im Nachbarsgarten wächst ein Schmetterlingsstrauch (Buddleja davidii), dessen duftende Blütenrispen von vielen Faltern besucht werden. Unter den Blütenbesuchern ist das Tagpfauenauge regelmäßig anzutreffen. An der bunten Faltergesellschaft haben aber nicht nur wir Menschen, sondern auch die Haussperlinge Gefallen gefunden. Einer von ihnen hat sich gar als Schmetterlingsjäger spezialisiert. Von hoher Warte aus verfolgt er das «geschäftige» Kommen und Gehen. Sobald eines der «Elfchen» auf dem Strauch landet und mit seinen Flügel-Flaggen nach altem Brauch zu winken beginnt, stürzt sich der «prosaische Kerl» auf das Opfer los. Meist kommt der Angegriffene mit dem Schrecken davon. Aber nicht deshalb, weil sich der Angreifer durch das plötzliche Präsentieren der Scheinaugen vom Zupacken abhalten ließe, sondern weil er als verhältnismäßig schlechter Flieger dem Flatterflug des Gejagten nicht folgen kann. Immerhin zeugen abgebissene, rings um den Strauch verstreute Schmetterlingsflügel davon, daß die Beharrlichkeit des Sperlings hin und wieder zum Erfolg führt.

Erhaltungs- oder Darstellungswert?

Wenn also dem Scheingesicht kein Erhaltungswert zukommt, dann kann es wohl nur «Antlitz» sein. «Die Kephalisation (Ausbildung und Betonung des Kopfes und des Antlitzes, d.V.) ist ein universales, die Evolution des ganzen Organismenbereiches beherrschendes Prinzip. ... In fast allen Tiergruppen ... sind die im System jeweils höher stehenden Formen ... durch betontere Kephalisation gekennzeichnet. Mit Zweckmäßigkeit, Vorteil, besserem Überleben im Kampf ums Dasein kann das schon deshalb nichts zu tun haben, weil im allgemeinen die niederen Tierformen weitaus vitaler, fruchtbarer, widerstandsfähiger als die höheren sind.

Besonders interessant sind nun die Fälle, in denen die anatomische Ausbildung von Kopf, Antlitz, Augen entweder nicht genügend oder überhaupt nicht erfolgen kann. Dann treten Bildungen auf, welche entweder die Illusion (das Bild!) gar nicht wirklich vorhandener Köpfe, Antlitze, Augen erzeugen oder die Existenz der wirklich vorhandenen durch zusätzliche Bildungen illusionär steigern.» (Otto Julius Hartmann)

Für uns ist wichtig zu sehen: Das Scheingesicht vieler Schmetterlinge dient primär nicht der Feindabwehr. Vielmehr ist es ein Vorläufer dessen, was auf höherer Evolutionsstufe als Antlitz erscheint.

Blütenpflanze und Schmetterling

Polarität und Steigerung

«Polarität» und «Steigerung» sind die Leitbegriffe von Goethes Metamorphosenlehre. «Die endliche Ruhe wird nur verspürt, sobald der Pol den Pol berührt.» – Am Beispiel der Metamorphose von Blütenpflanze und Schmetterling läßt sich Goethes Erkenntnis nachvollziehen. Da können wir in «unmittelbarem Anschauen» erfahren, wie sich die Morphe (Gestalt) so lange an der Polarität von *Wesen* und *Erscheinung* emporrankt, bis sich in der Reifegestalt die Pole «berühren». Wenden wir uns zunächst dem Werden der Blütenpflanze zu.

Wesen und Erscheinung

In unseren Breiten folgt die Entwicklung der einjährigen Blütenpflanze (meist) dem Jahreslauf. Im Frühjahr sprießt sie, im Sommer blüht sie, im Herbst reifen ihre Früchte, und den Winter überdauert sie als Samen. Bei ihrem Werden pendelt die Blütenpflanze rhythmisch zwischen Zusammenziehung und Ausdehnung hin und her. Bei der Zusammenziehung verschwindet sie gleichsam aus dem Raume, konzentriert sie sich im Wesen; bei der Ausdehnung breitet sie sich im Raume aus, tritt sie in Erscheinung.

Zusammenziehung: Ausdehnung:

Samen

Blatt

Blütenknospe

Blüte

Auch der Schmetterling pendelt bei seiner Entwicklung vom Ei über die Raupe und Puppe zur Imago rhythmisch zwischen Zusammenziehung (Wesen) und Ausdehnung (Erscheinung) hin und her.

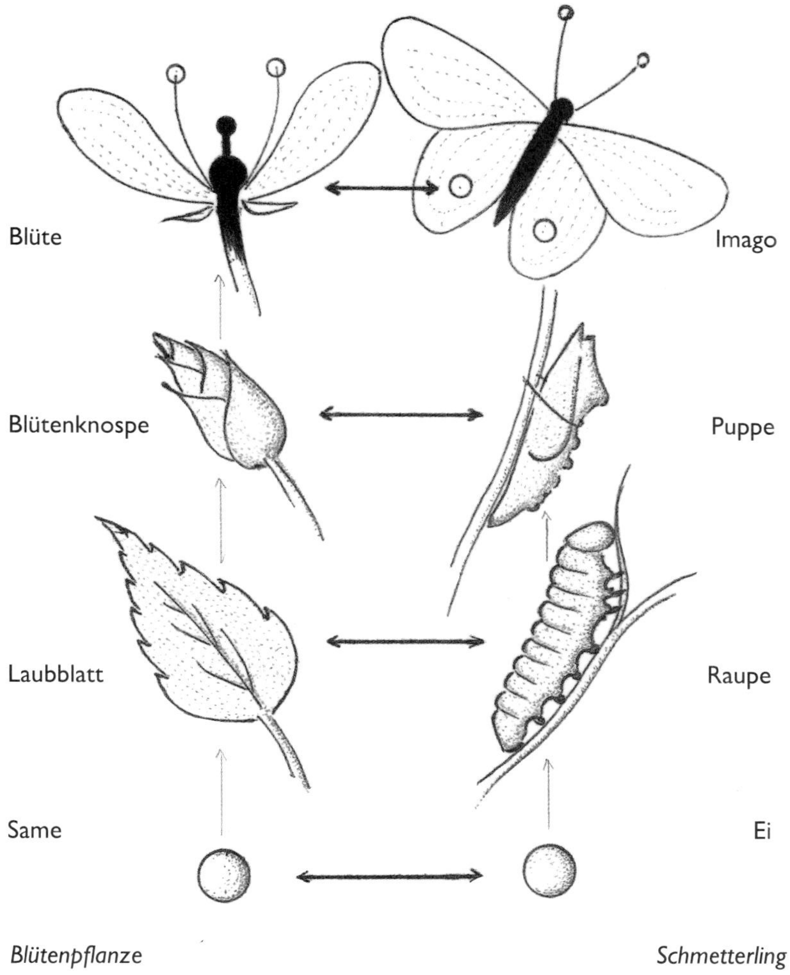

Blütenpflanze und Schmetterling. Parallelen bei der Metamorphose.

∧
Bei der Entwicklung von Blütenpflanze und Schmetterling zeigen sich weitgehende Parallelen.
Samen und *Ei* sind weit mehr Möglichkeit als Verwirklichung. Es sind Keime, aus denen sich Blütenpflanze und Schmetterling Schritt für Schritt bis zur Reifegestalt entwickeln.
Bild: Ei des Segelfalters (Iphiclides podalirius) auf Blatt des Schlehdorns (Prunus spinosa).

∧
In *Blatt* und *Raupe* dehnt sich die Gestalt aus, bleibt jedoch hier wie dort auf niedriger Organisationsstufe stehen.
Bild: Raupe des Zickzackspinners (Notodonta ziczac) an Blatt der Schwarzpappel (Populus nigra).

Zusammenziehung: Ausdehnung:

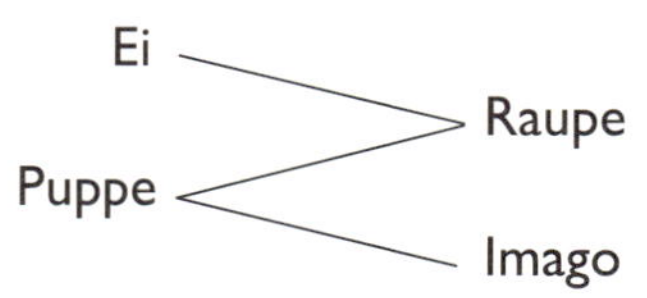

Beim Vergleich zeigen sich folgende Parallelen:

Samen	–	Ei
Blatt	–	Raupe
Knospe	–	Puppe
Blüte	–	Imago

Wir wollen nun versuchen, den Parallelen im einzelnen nachzugehen. Dabei werden wir – so hoffe ich – erfahren, daß die Gegenüberstellungen kein bloßes Spiel mit Worten sind.

Samen und Ei

Samen und *Ei* zeichnen sich durch ein Maximum an Kontraktion aus. Im Anfangsstadium ihrer Entwicklung sind Blütenpflanze und Schmetterling weit mehr Möglichkeit (Wesen) als Verwirklichung (Erscheinung). Sie sind Zentren, aus denen sich die Reifegestalt Schritt für Schritt beziehungsweise Sprung um Sprung gebiert. Im Samen schlummert – oh Wunder – die Möglichkeit zur Blüte, im Ei die Möglichkeit zur Imago.

Blatt und Raupe

Aus dem Samen sprießen Stengel und *Blatt*; aus dem Ei kriecht die *Raupe*. Und so, wie sich am Stengel von Knoten zu Knoten Blatt auf Blatt türmt, so reiht sich am Leib der

^
In *Knospe* und *Puppe* schrumpft die Gestalt. Meist werden diese Stände als Ruhestadien bezeichnet; zu Unrecht, denn hinter den starren Kulissen erfolgt die große Umwandlung, vom Blatt in die Blüte, von der Raupe in den Falter.
Bild: Puppe des Zitronenfalters (Gonepteryx rhamni) an Zweig des Faulbaumes (Rhamnus frangula).

^
Wie aus einem Veredelungsbad geht die *Blüte* aus der Knospe und der *Falter* aus der Puppe hervor. Die Merkmale niedriger Organisation sind hier wie dort weitgehend verschwunden. Nun dominiert nicht mehr die Reihung gleichwertiger Glieder, sondern die Zentrierung differenzierter Organe.
Bild: Imago des Zitronenfalters (Gonepteryx rhamni) auf Blüte der Gemeinen Flockenblume (Centaurea jacea).

Raupe Segment an Segment. «Vorwärts und rückwärts ist die Pflanze immer nur Blatt». In Abwandlung dieses Goethewortes möchte man vom Schmetterling im Raupenstadium sagen: vorwärts und rückwärts ist er immer nur Segment. Bekanntlich hat Goethe im Blatt die «Urpflanze» entdeckt, jenes «geheime Gesetz», nach dem sich die Pflanze, «stufenweise geführt, bildet zu Blüte und Frucht». Bei analoger Betrachtungsweise offenbart sich uns das Segment als «Urinsekt».
Durch eine «vollkommene Metamorphose» wird die Gestalt von Blütenpflanze und Schmetterling Stufe um Stufe emporgehoben. Das Wesentliche der vollkommenen Metamorphose besteht darin, daß die Entwicklung in Sprüngen erfolgt und daß zwischen der Jugend- und Altersgestalt ein «Ruhestadium» eingeschoben ist: die Blütenknospe bei der Blütenpflanze; die Puppe beim Schmetterling.

Blütenknospe und Puppe

Blütenknospe und *Puppe* sind nur scheinbar Ruhestadien. In Wirklichkeit erfolgt in den «stillen Kämmerlein» der wohl größte aller hier möglichen Entwicklungssprünge: der Sprung von der «vegetativen» zur «animalen» Stufe. Die Blüte wird von Anima, der Welt des Seelischen, zwar nur umschwebt, in die Imago zieht sie jedoch voll ein. – Ja, nach außen herrscht jetzt Ruhe, aber im Innern knistert's und funkt's. Die Pole berühren sich; das «Selbst» drängt zur «Selbst-darstellung», um ein Wort von Adolf Portmann zu gebrauchen; das Wesen tritt in Erscheinung.

Blüte und Imago

Wie aus einem Veredelungsbade steigt die *Blüte* aus der Knospe, die *Imago* aus der Puppe empor. Die Merkmale embryonaler Ursprünglichkeit haben beide weitgehend abgestreift. In Blüte und Imago dominiert nicht mehr die Reihung gleichwertiger Glieder, vielmehr sind hier die Organe differenziert und auf ein Zentrum zusammengezogen. Kein Bereich ist vom Umbruch bewahrt geblieben: die Gestalt nicht, die Farbe nicht und auch der Stoff nicht. So umfassend ist die Wandlung, daß wir im neuen Kleide das Alte kaum wieder erkennen.

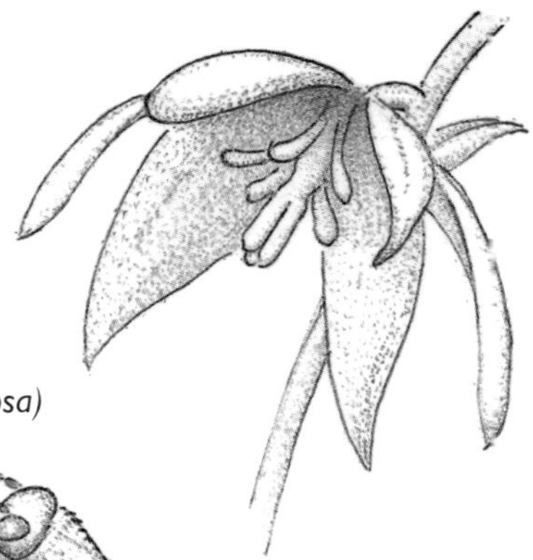

Yucca-Pflanze *(Yucca filamentosa)*

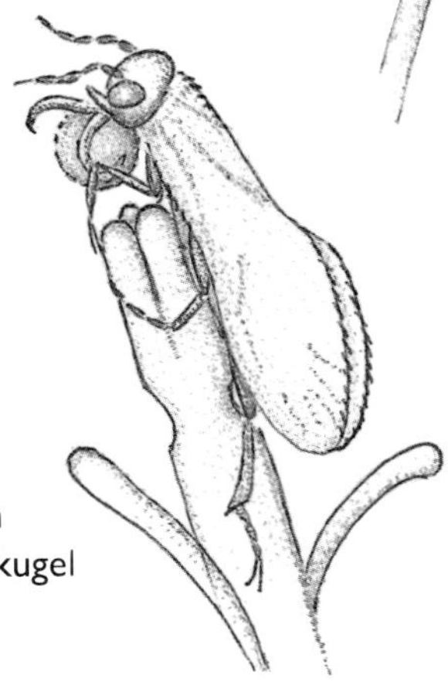

Yucca-Motte *(Pronuba yuccasella)* mit einer zwischen dem Kopf und den Vorderbeinen eingeklemmten Pollenkugel

^
In den Beziehungen zwischen der Yucca-Pflanze und der Yucca-Motte zeigt sich die «Einheit in der Zweiheit» von Blütenpflanze und Schmetterling besonders deutlich: Nach der Begattung sammelt das Weibchen der Yucca-Motte mit Hilfe der zu Greifzangen umgestalteten Kiefertaster Pollen der Yucca-Blüte, formt ihn zur Kugel und klemmt das Pollenpaket zwischen den Kopf und die Vorderbeine. Mit seinem Sammelgut fliegt das Insekt zur nächsten Yucca-Blüte. Dort sticht es von außen mehrere Eier in den Fruchtknoten. Anschließend klettert es zur Narbe empor und stopft dort eine Portion des gesammelten Pollens in einen der drei Griffelkanäle. Nach kurzer Pause sticht es von einer anderen Seite her wieder ein paar Eier in den Fruchtknoten und stopft Pollen in den zweiten Griffelkanal. Beim dritten Griffelkanal macht es genau dasselbe. So wird nach und nach die Befruchtung sämtlicher Samenanlagen eingeleitet. – Die aus den Eiern sich entwickelnden Motten-Larven verzehren einen Teil der heranwachsenden Yucca-Samen, doch nur so viel, daß der Bestand der Pflanze nicht gefährdet ist.

Einheit in der Zweiheit

All die Parallelen zwischen den Entwicklungsstufen deuten auf eines hin: Blütenpflanze und Schmetterling sind Zweige an einem gemeinsamen Aste. Der eine Zweig ist nach unten (ins Pflanzenreich), der andere nach oben (ins Tierreich) abgebogen. Die Einheit in der Zweiheit zeigt sich von Entwicklungsstufe zu Entwicklungsstufe deutlicher. Schon Blatt und Raupe, erst recht aber Blüte und Imago, lassen keinen Zweifel daran übrig, daß Blütenpflanze und Schmetterling zusammen gehören wie die Finger zu einer Hand.

Ein kurzer Blick auf die gegensätzlichen, sich in ihrer Polarität jedoch ergänzenden Prozesse soll untermauern, was wir durch den Gestaltvergleich erfahren haben: Dem Substanzbildungsprozeß des Blattes steht der Substanzverbrauch der Raupe gegenüber. Überspitzt könnte man sagen: Das Blatt müßte in seiner Produktion ersticken, würde es nicht von der Raupe verzehrt; die Raupe müßte in ihrer Reduktion verhungern, würde sie nicht vom Blatt genährt. Nahrung und Hunger bedingen einander. Es ist doch keineswegs selbstverständlich, daß das Blatt die Raupe nährt und daß die Raupe nach dem Blatt hungert. Nahrung kann doch nur ein solches sein, zu dem der Hungernde eine innere Beziehung hat. Umgekehrt verlangt der Hungernde doch nur nach solchem, das seiner Organisation entspricht und ihn deshalb nährt.

Ähnliche Zusammenhänge, nur in verfeinerter Form, liegen vor, wenn Blüte und Imago im Bestäubungsprozeß zur funktionellen Einheit verschmelzen. Was sich auf unterer Stufe vorwiegend im Bereich des Fest-Flüssigen abspielt und in der Beziehung von Nahrung zu Hunger manifestiert, das verlagert sich nun weitgehend nach dem Luftig-Lichthaften hin. Auf der Stufe von Blüte und Imago entsprechen einander: Farbe und Farbsehvermögen, Geruch und Riechvermögen, Geschmack und Schmeckvermögen. Die Umwandlung vom Erdig-Schweren ins Luftig-Leichte, von der Quantität in die Qualität, geht gar so weit, daß die Blüte nicht mehr assimiliert, und daß es zahlreiche Imagines gibt, die keine Nahrung mehr zu sich nehmen. Wo aber zwischen Imago und Blüte die Beziehung von Hunger zu Nahrung noch spielt, da ist sie lockerer und «immaterieller» geworden: Der schwachen Stoffwechselorganisation des Falters entspricht der leicht verdauliche Nektar der Blüte.

Zu einem wirklichen Verständnis der Entsprechungen von Blüte und Imago werden wir nur dann gelangen, wenn wir durchschauen, daß in den Sinnesreizen der Blüte (Farbe, Geruch und Geschmack) der gleiche Weltenvorgang, nur ins Stofflich-Leibhafte gewendet, vorliegt wie in den Sinnesempfindungen der Imago. Aufgrund dieses Sachverhaltes ist man versucht zu sagen: Die Sinnesreize der Blüte sind die veräußerlichten Sinnesempfindungen der Imago, und die Sinnesempfindungen der Imago sind die verinnerlichten Sinnesreize der Blüte. In den Beziehungen zwischen der Nährsubstanz des Blattes und dem Verdauungsprozeß der Raupe liegen analoge Verhältnisse vor. Fassen wir unvoreingenommen all die genannten Parallelen und Entsprechungen ins Auge, so drängt sich uns unwillkürlich der Gedanke auf: Blütenpflanze und Schmetterling sind Umstülpungen voneinander.

Ein Immaterielles als Triebfeder

Was sich bei der Metamorphose von Blütenpflanze und Schmetterling vor unseren Augen abspielt, das läßt sich aus dem Stoff allein nicht erklären. Der Stoff selbst, das heißt die große Stoff*umwandlung* während des Blütenknospen- und Puppenstadiums, deutet auf ein Geschehen hin, das sich zwar in der Materie äußert, das aber ein Immaterielles zur Triebfeder hat. Bei der Metamorphose von Blütenpflanze und Schmetterling bewahrheitet sich der «Satz vom zureichenden Grunde». Hier zeigt sich, daß das Umzuwandelnde nicht zugleich Umwandelndes, der Baustoff nicht zugleich Baumeister sein kann, denn sobald (im Tode) die Stoffe sich selbst überlassen werden, hört jegliche Metamorphose auf, und die Gestalt zerfällt.

Kinder des Lichtes

Kehren wir zum Schluß nochmals kurz zu Blüte und Imago zurück, und achten wir nun darauf, wie vollkommen die beiden Repräsentanten nicht nur *einander*, sondern auch ihrer (offensichtlich gemeinsamen) *Umwelt* entsprechen. Gemeint ist die innige Beziehung von Blüte und Imago zum Licht der Sonne. Wem wäre nicht schon aufgefallen, wie viele Blüten bei «Tagwache» ihr Zentrum der Sonne zukehren, ja, wie sie gar dem Tageslauf der Sonne folgen, und zwar so, daß deren Licht stets parallel zur Blütenachse einstrahlt (Beispiel: Buschwindröschen)? Und wer hätte nicht schon beobachtet, wie die Imagines vieler Tagfalter bei Sonnenaufgang ihre Schwingen flach ausbreiten und sich dann so lange drehen, bis das lebensspendende Licht im rechten Winkel auf die Oberseite der Flügel fällt (Beispiel: Tagpfauenauge)? Ausnahmen bestätigen auch hier die Regel. – Lassen wir unvoreingenommen die Phänomene sprechen, so erweisen sich Blüte und Imago – analog dem Auge – als «am Lichte fürs Licht» gebildete Organe, «damit das innere Licht dem äußeren entgegentrete» (Goethe). In Blüte und Imago hat die Form über den Stoff gesiegt. Der Stoff, jetzt locker und transparent, ist zum Medium geworden, in dem das innere dem äußeren Licht begegnen, das *Wesen* in *Erscheinung* treten kann.

Erstaunen – Schlüssel zur Schatzkammer der Natur

Nach all dem, was wir über das luftig-leichte, aus Licht gewobene Duo erfahren haben, können wir wohl Hermann Hesse zustimmen, wenn er im Geleitwort zu Adolf Portmanns Photoband «Falterschönheit» schreibt: Die Schmetterlinge «scheinen, gleich den Blumen, recht eigens als Zierde, als Schmuck und Juwel, als kleine funkelnde Kunstwerke und Loblieder von höchst freundlichen, anmutigen und witzigen Genien erfunden und mit zärtlicher Schöpferwollust ausgedacht worden zu sein. Man muß schon blind oder aber sehr verhärtet sein, um beim Anblick der Schmetterlinge nicht eine Freude, einen Rest von Kinderentzücken, einen Hauch des Goetheschen Erstaunens zu empfinden.» ... «Mit diesem Erstaunen» – für Hesse ist es die unerläßliche Voraussetzung für ein tiefes Erleben- und Ergriffenseinkönnen – «bin ich nicht nur Goethes und aller andern Dichter und Weiser Bruder geworden, nein ich bin auch der Bruder alles dessen, was ich bestaune und als lebendige Welt erlebe: des Falters, des Käfers, der Wolke, des Flusses und Gebirges, denn ich bin auf dem Weg des Erstaunens für einen Augenblick der Welt der Trennung entlaufen und in die Welt der Einheit eingetreten, wo ein Ding und Geschöpf zum andern sagt: Tat twam asi (‹Das bist Du›).»
In dieser Welt der Einheit, in der auch Blütenpflanze und Schmetterling zueinander sagen: «Das bist Du», hat Rudolf Steiner erfahren, was er in die folgenden geheimnisvollen Sätze zusammengefaßt hat:

«Schaue die Pflanze:
Sie ist der von der Erde
Gefesselte Schmetterling.

Schaue den Schmetterling:
Er ist die vom Kosmos
Befreite Pflanze.»

Diese Sätze sollen uns Aufgabe, aber auch Verheißung sein, wenn wir künftig der «Einheit in der Zweiheit» von Blütenpflanze und Schmetterling nachspüren, wenn wir an Hand der Erscheinung das Wesen dieser «Juwelen» und «Loblieder» zu ergründen suchen.

Wiesensalbei und Honigbiene

Lebensgemeinschaft

Die Begegnung zwischen Wiesensalbei (Salvia pratensis) und Honigbiene (Apis mellifica) gilt zu Recht als klassisches Beispiel einer echten Symbiose. So oft wir dieses Duo auch schon beobachtet haben, erstaunt uns immer wieder, wie vollkommen hier Blütenpflanze und Insekt in Gestalt und Verhalten aufeinander abgestimmt sind.

Eine Blüte mit zwei Schlagbäumen

Die in Berg und Tal weit verbreitete Wiesensalbei gehört zu den Lippenblütlern. Die Oberlippe ihrer violettblauen Blüten ist seitlich zusammengedrückt und sichelförmig gebogen. Sie birgt die Staubblätter und den Stempel. An der Unterlippe sind die Ränder so weit umgebogen, daß sie eine gemeinsame Ebene bilden und den Blütenbesuchern einen großflächigen Landeplatz darbieten. Tragen wir durch einen Längsschnitt die eine Hälfte der Oberlippe ab, so sehen wir, daß von den beiden Staubgefäßen das eine links, das andere rechts des Blüteneingangs an der Kronwand befestigt ist. «Es ist nicht ganz einfach, die Vorrichtung dem Leser klar zu machen. Probieren wir es dennoch, indem wir untersuchen, woraus ein Staubgefäß, auch Staubblatt genannt, besteht. Einmal aus dem Staubfaden, der irgendwo im Blütengrund oder an der Blumenkrone befestigt ist, dann aus dem Staubbeutel am oberen Ende des Fadens, der gewöhnlich aus zwei Taschen oder Fächern besteht. Der Staubbeutel wird auch Anthere genannt. Die beiden Fächer der Anthere verbindet eine dünne Gewebsplatte, die als Connectiv bezeichnet wird. Dieses verbindende Zwischenglied oder Connectiv ist bei unserer Wiesensalbei ganz auffallend ausgebildet, wie man es selten antrifft. Sonst der kürzeste Teil am ganzen Staubgefäß, ist es jetzt am längsten geworden, und die beiden Antherenhälften sind weit auseinandergerissen, d.h. die eine Hälfte sitzt am oberen, die andere Hälfte am unteren Ende des Connectivs. Während die obere Antherenhälfte guten Pollen erzeugt, hat sich die untere in eine muschelförmige Platte verwandelt, die den Blüteneingang nahezu verschließt und keinen Pollen enthält. Wo sind aber die Staubfäden? Auch sie haben eine Wandlung erfahren. Sonst im Verband eines Staubgefäßes der längste Teil, haben sie sich sehr verkürzt und sind zur Achse geworden, auf der sich das Connectiv dreht. Letzteres ist indessen nicht wie bei einer Waage ein gleicharmiger, sondern ein ungleicharmiger Hebel geworden, der seinen Drehpunkt im untersten Viertel des Ganzen hat.» Wahrlich, die Blüteneinrichtung ist so kompliziert, daß wir die treffliche Schilderung des Fachmannes Robert Stäger am besten gleich nochmals lesen.

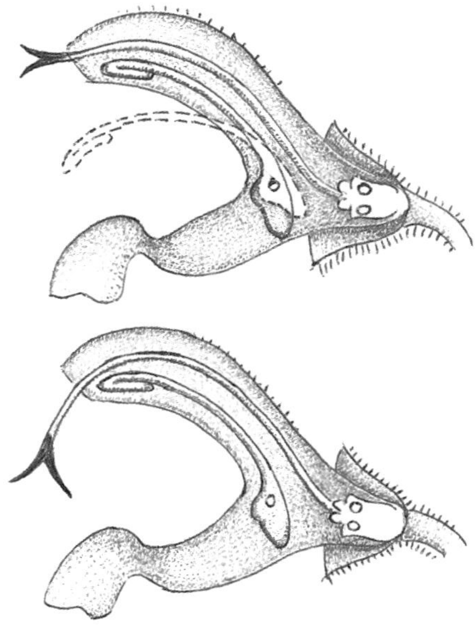

^
Blüte der Wiesensalbei im Längsschnitt
oben: *Männliche Blühphase*
Der Blütenstaub ist reif. Beim Blütenbesuch drückt die Honigbiene die «Schlagbäume» nach unten und lädt sich den Pollen auf den Rücken.
unten: *Weibliche Blühphase*
Der Stempel hat sich so stark gestreckt, daß die jetzt weit gespreizte Narbe den Rücken des anfliegenden Insektes berührt und den dort vom früheren Besuch «männlicher» Blüten her anhaftenden Pollen aufnehmen kann.

Wie die Biene das Hindernis überwindet ...

Der Nektar wird am Grund der Blüte abgesondert. Aber das Tor zur nährenden Quelle ist – wie wir erfahren haben – durch die beiden Connectiv-Platten versperrt. Eindrücklich ist es nun, zu beobachten, wie die Honigbiene bei ihrem Blütenbesuch dieses Hindernis überwindet: Auf dem Weg zu den Nektarbrünnlein stößt das Insekt zwangsläufig an die beiden «Schlagbäume». Mit seinem Kopf drückt es nun deren kürzere Hebelarme nach hinten-oben. Dadurch senken sich die längeren Hebelarme nach vorne-unten, und zwar so weit, daß die beiden Staubgefäße den Rücken des Blütengastes berühren und dort ihren Pollen abladen. Sobald der Druck auf die Connectiv-Platte nachläßt, kehren die Antheren in ihre Ausgangslage zurück, und der Blüteneingang ist wieder verschlossen.

... und die Narbe bestäubt

Die Wiesensalbeiblüte ist «vormännlich», das heißt der Blütenstaub reift *vor* der Narbe. Als «Narbe» wird das vordere Ende des Stempels, also des «weiblichen» Blütenteiles, bezeichnet. Während der «männlichen» Blühphase

< Wiesensalbei *(Salvia pratensis)*
Größe: 30 – 80 cm.
Vorkommen: Wiesen, Raine / kollin-montan(-subalpin).
Blühzeit: Mai – August.
Besonderes: Die Blüteneinrichtung der Wiesensalbei ist in vollkommener Weise auf die Gestalt und das Verhalten der Honigbiene (Apis mellifica) zugeschnitten:
Die weit ausladende Unterlippe der Blüte bietet der Biene einen geeigneten Landeplatz.
Wenn die Biene mit ihrem Rüssel in die Kronröhre eindringt, treten die beiden Staubgefäße aus der Oberlippe hervor und schmiegen sich eng dem Leib des Blütengastes an. Dort, wo die Antheren den Rücken der Biene berührt haben, ist dieser dicht mit goldgelbem Blütenstaub bepudert.

∧ Purpurweide *(Salix purpurea)*
Größe: bis 6 m.
Vorkommen: Ufergelände / kollin-montan.
Blühzeit: März – Mai.
Besonderes: Die Purpurweide ist zweihäusig, das heißt auf ein und demselben Exemplar sind entweder nur männliche oder nur weibliche Blüten vorhanden. Die Verbindung zwischen den beiden Häusern stellt in der Regel die Honigbiene her. Obwohl hier Blüte und Insekt nicht in so vollkommener Weise aufeinander abgestimmt sind wie beim Duo Wiesensalbei – Honigbiene, besteht wohl kein Zweifel darüber, daß beide einander bedingen und ergänzen.

ragt die Narbe nur wenig oder gar nicht aus der Oberlippe hervor. Später streckt sich der Stempel jedoch so stark, daß die jetzt weitgespreizten, empfängnisfähigen Narbenäste den Rücken des Blütengastes an jener Stelle berühren, die von der jungen Blüte mit Pollen bepudert worden ist.
Durch das gestaffelte Reifen von Pollen und Narbe, durch die erstaunliche Blüteneinrichtung und das entsprechende Verhalten der Honigbiene wird die Wiesensalbei mit grosser Wahrscheinlichkeit fremdbestäubt.

Ein einfacher Versuch

Bleiben die Blütenbesucher (beispielsweise bei naß-kaltem Wetter) aus, so können wir die Hebeleinrichtung der Wiesensalbei-Blüte und deren Funktionieren auch durch einen einfachen Versuch kennenlernen. Zu diesem Versuch wählen wir eine Pflanze mit möglichst großen und frisch geöffneten Blüten aus. An «Instrumenten» benötigen wir lediglich einen dünnen Grashalm und eine Lupe. Den Grashalm führen wir nun sorgfältig in den Schlund der Blüte ein, und zwar an jener Stelle, an der sich normalerweise die Biene mit ihrem Rüssel den Zugang zur Nektarquelle verschafft. Haben wir die «richtige» Stelle getroffen, so treten die langen Hebelarme der beiden dicht beisammen liegenden Staubblätter sofort aus der helmförmigen Oberlippe hervor und pressen nun je ihren offenen Pollenbehälter an den eingeführten Halm. Sobald wir den Grashalm aus der Blüte herausziehen, kehren die beiden Schlagbäume ebenso rasch in ihr Versteck zurück. Mit Hilfe einer Lupe können wir nun feststellen, daß dem Grashalm dort, wo er von den Pollenbehältern berührt worden ist, eine Portion des klebrigen Blütenstaubes anhaftet. – Die Kenntnis der großartigen Blüteneinrichtung der Wiesensalbei «hilft uns vor allem, daß sie das Staunen, wozu wir von Natur berufen sind, einigermaßen erleichtere» (Goethe). Oder ist es etwa nicht erstaunlich, wie hier im Bestäubungsvorgang die Blüte und «ihr» Gast miteinander zur funktionellen Einheit verschmelzen? Bei eingehender Betrachtung kann die Wiesensalbei zum Okular werden, durch das wir die *äußere Zweiheit* von Blüte und Insekt als *innere Einheit* «sehen» lernen!

Wie Schlüssel und Schloß

Der Vergleich mit Schlüssel und Schloß – so abgedroschen er auch ist – drängt sich hier förmlich auf: Der Schlüssel und das Schloß sind scheinbar zwei völlig verschiedene Dinge, und doch erhält jedes von ihnen seine Bedeutung erst durch das andere. Der Schlüssel verlangt nach dem Schloß; das Schloß bedarf des Schlüssels. Beide sind so weitgehend aufeinander abgestimmt, daß sie nur zusammen voll wirklich werden.
Bei Schlüssel und Schloß, als einer von Menschenhand gefertigten «Einheit», ist der Grund für die Übereinstimmung leicht einzusehen. Wie aber läßt sich im Falle von Blüte und Insekt die Harmonie erklären? Auf diese entscheidende Frage gibt uns der berühmte Umweltforscher Jakob von Uexküll (in Anlehnung an Goethe) folgende Antwort:

Wäre nicht die Blume bienenhaft,
wäre nicht die Biene blumenhaft,
der Einklang würde nie gelingen!

Die Blume ist bienenhaft, die Biene ist blumenhaft

Ja, die Blume ist bienenhaft, die Biene ist blumenhaft. Blüte und Insekt sind ihrem Wesen nach miteinander verwandt. Sie sind die beiden Hälften eines umfassenden Ganzen. Sie verhalten sich zueinander wie Negativ und Positiv: Der «Hohlform» der Blüte entspricht die «Vollform» des Insektes. Die passive Flora hat in der aktiven Fauna ihren ergänzenden Gegenpol. «Des Tieres Instinkte werden in der Blüte zu Einrichtungen.» Dieser von Gerbert Grohmann aufgestellte Satz gilt nicht nur für Wiesensalbei und Honigbiene, sondern auch für all jene Fälle, in denen die Zusammengehörigkeit von Blüte und Insekt nicht so offensichtlich ist wie hier. Auch auf die einfach gestaltete Doldenblüte und den wenig spezialisierten Bockkäfer, um ein Beispiel zu nennen, trifft in vollem Umfange zu, daß jeder der beiden Partner den anderen in Bau und Funktion ergänzt. Generell können wir sagen: Blüte und Insekt sind so weitgehend aufeinander zugeschnitten, daß sie sich gegenseitig bedingen. Erst im Miteinander erlangen sie ihre volle Wirklichkeit.

Der Hornissenschwärmer

Glasflügler

Von den Zoologen werden die Schmetterlinge als Lepidopteren, auf deutsch Schuppenflügler, bezeichnet. Tatsächlich sind in der Regel die Flügel der Tag- und Nachtfalter dicht mit kleinen, farbigen Schuppen besetzt. Doch keine Regel ohne Ausnahme: Unter den Schuppenflüglern gibt es solche, deren Schwingen nahezu kahl und durchsichtig sind. Wohl kommen auch diese Falter mit Flügelschuppen zur Welt, aber schon beim ersten Flug fällt der zarte Staub weitgehend ab, und aus dem «Schuppenflügler» wird ein «Glasflügler».
In unseren Breiten sind die Glasflügler (Aegeriidae) mit rund drei Dutzend Arten vertreten. Sie alle haben weitgehend kahle Schwingen. Doch diesem «Mangel» steht – in Bestätigung des von Goethe entdeckten Kompensationsgesetzes – ein äquivalenter «Vorzug» gegenüber: Das fehlende Flügelschuppen-Mosaik wird durch eine buntfarbige Körperbehaarung ausgeglichen.

Ein Nachtfalter in Wespentracht

Bei vielen einheimischen Glasflüglern sind die Körperhaare, vor allem am Hinterleib, in einer steten Folge von gelben und schwarzen Ringen angeordnet. Das «Wespenkleid» hat bei seinen «Trägern» denn auch zu Namen wie Bienen-, Wespen- und Hornissenschwärmer geführt. Es hat aber auch zur weit verbreiteten Annahme verleitet, die wehrlosen Falter würden zum Schutz vor Feinden ihre wehrhaften «Namensvettern» nachahmen.
Mit den Glasflüglern als «Wespennachahmern» werden wir uns noch eingehend befassen. Dies aber erst dann, wenn wir die Falter als solche gründlich kennengelernt haben. Unser Ziel ist es, ein objektives Bild vom Werden und Sein dieser Sonderlinge zu gewinnen. Der Weg zum Ziel führt über ein «unmittelbares Anschauen». Am Beispiel des Hornissenschwärmers wollen wir nun versuchen, den uns von Goethe gewiesenen Weg zu beschreiten.

Λ
Hornissenschwärmer *(Aegeria apiformis)*
Größe: bis 30 mm.
Vorkommen: Der Falter fliegt von Ende Mai bis Ende Juli, vor allem in Flußauen mit alten Pappeln.
Fortpflanzung: Juni – Juli.
Besonderes: Die Raupen des Hornissenschwärmers entwickeln sich im Holz alter Pappeln. Nach zweimaliger Überwinterung nagen sie einen Gang an die Oberfläche des Stammes. Zwischen Holz und Rinde stellen sie aus Seide und Mulm einen dattelförmigen Kokon her. Sobald das Vollinsekt schlüpfreif ist, schiebt sich die Puppe bis über die Hälfte ihrer Körperlänge aus der von der Raupe vorbereiteten Gangöffnung, so daß der Falter ungehindert schlüpfen kann.

An die Pappel gebunden

Das Weibchen von Aegeria apiformis wird gut 30 mm, das Männchen knapp 20 mm lang. Bei beiden Geschlechtern sind Brust und Hinterleib auffällig gelb und schwarz gezeichnet. Obwohl der Hornissenschwärmer systematisch zu den Nachtfaltern gehört, fliegt er am hellichten Tag. Seine Flugzeit erstreckt sich von Ende Mai bis weit in den Juli. Unter lautem Brummen schwirren da Weibchen und Männchen von Pappel zu Pappel, dem wichtigsten Futterbaum ihrer Raupen. Meist wird uns allerdings nicht der fliegende, sondern der sitzende Falter auffallen. Wenn sich etwa das mächtige Weibchen am Fuß einer alten Pappel niedergelassen hat, so hebt sich seine gelb-schwarze Wespentracht deutlich von der graubraunen Rinde ab.

Wie sich Männchen und Weibchen finden

Viele Jahre lang habe ich die berühmte «Pseudohornisse» vergeblich gesucht, bis mir zu Beginn eines feucht-warmen Sommers das Finderglück hold war: An der Rinde einer verkrüppelten Schwarzpappel entdeckte ich ein frisch geschlüpftes Weibchen. Seine Flügel waren oberseits noch leicht beschuppt, was darauf schließen ließ, daß es kaum mehr als den Jungfernflug hinter sich hatte. Auf seine Jungfräulichkeit deutete auch das Verhalten hin: Steil reckte es den Hinterleib empor und stülpte ein kleines Duftorgan aus, dessen Sekret das andere Geschlecht anlockt. Während ich mich der Langgesuchten vorsichtig näherte, schwirrte mir denn auch schon ein Männchen um den Kopf. Behutsam zog ich mich vom Schauplatz zurück, um den Freier nicht zu stören.

Auf größere Distanz orientiert sich das Schwärmermännchen am Geruch des Weibchens. Im Suchflug, hin und her pendelnd, zieht es langsam aber sicher dem Duftgefälle entgegen. Während der letzten Phase seiner Annäherung steuert es, vom Gesichtssinn geleitet, direkt auf den Partner zu. Sanft landet es auf dem Rücken des Weibchens, und zwar so, daß Kopf an Kopf und Hinterleib an Hinterleib liegen. Kaum hat das Männchen richtig Fuß gefaßt, kopulieren die beiden. Sobald die Begattungsorgane fest miteinander verbunden sind, dreht sich das Männchen so lange ab, bis die Körper eine gemeinsame Gerade bilden. Rund zwei Stunden lang dauert die Paarung. Wenig später legt das Weibchen seine Eier. Ohne Unterbrechung folgt ein Ei dem andern.

Vom Ei zum Falter

Die kleinen rotbraunen Kügelchen – nach der Literatur sollen es bis 1800 Stück sein – werden frei fallen gelassen. Da das Weibchen während der Eiablage sitzt oder im Schwirr-Laufen den Stamm empor klettert, fällt ein Teil der winzigen Keime in die Spalten der rissigen Borke. Rund vier Wochen nach der Eiablage schlüpfen die Larven. Zunächst nagen sich die bleichen «Würmchen» einen Gang durch die Rinde, leben dann eine Zeitlang im Kambium und dringen schließlich ins Holz ein. Nachdem die Raupe zweimal überwintert hat, ist sie ausgewachsen. Jetzt bahnt sie sich einen Weg an die Oberfläche des Stammes. Zwischen Holz und Rinde fertigt sie aus Seide und Mulm einen dattelgroßen Kokon an. Im Innern dieses Kokons verpuppt sich die Raupe. Oft wird die Puppe des Schmetterlings als Ruhestadium bezeichnet, zu Unrecht, denn hinter der starren Kulisse erfolgt die Verwandlung von der erdgebundenen Raupe in den geflügelten Falter. Sobald die Imago schlüpfreif geworden ist, schiebt sich die Puppe ein Stück weit durch den von der Raupe vorgebahnten Ausgang. Halb steckt jetzt die Puppe in der Rinde, halb ragt sie ins Freie, so daß das künftige Vollinsekt ungehindert schlüpfen kann.

Wie ist es der Puppe möglich, sich ohne Gliedmaßen im engen Raupengang vorwärts zu bewegen? Ein Blick durch die Lupe hilft uns, das Rätsel zu lösen: Jedes Hinterleibssegment der Puppe ist dorsal mit zwei Reihen kleiner, schräg nach hinten gerichteter Stacheln besetzt. Sobald sich nun die Puppe bauchwärts krümmt, wird ein Teil der Rückenstacheln leicht vorgeschoben und hakt sich am neuen Ort der Gangwandung ein. Bei der nächsten Gegenbewegung gleitet die Puppe zwangsläufig ein kleines Stück vorwärts, dem Ausgang zu.

Würden Raupe und Puppe nicht für den Falter vorsorgen, so müßte ihm die Puppenwiege zum Grabe werden, denn aus eigener Kraft wäre er nicht fähig, sich durch mehrere Zentimeter Holz hindurchzubeißen.

Staunend stellen wir fest, daß bei der Falterentwicklung jedes vorangehende Stadium in Gestalt und Verhalten auf das nachfolgende ausgerichtet ist. Offensichtlich ist hier – um es mit den Worten Goethes zu sagen – «das Künftige voraus lebendig».

Wespennachahmer?

Zum Schluß noch ein Wort zur Mimikry. Als «Mimikry» wird von den Biologen die täuschende Nachahmung fremder Gestalten bezeichnet. Dabei wird angenommen, daß wehrlose Geschöpfe wehrhafte mimen und dadurch von ihren Feinden gemieden werden. So soll denn unser harmloser Hornissenschwärmer die stachelbewehrte Hornisse

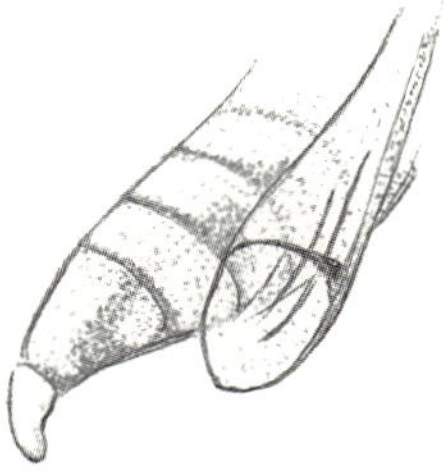

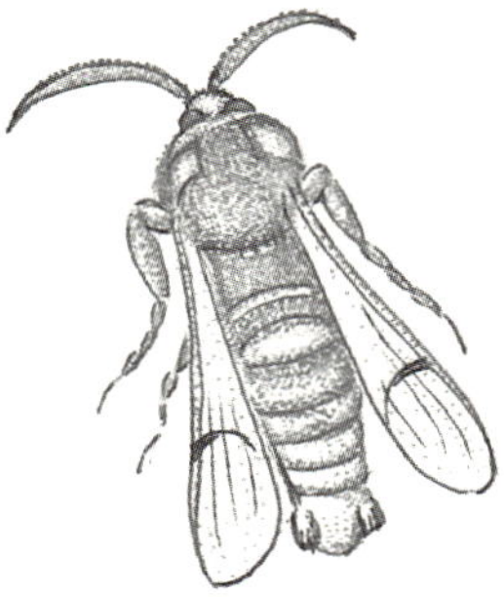

^
oben: Hinterleib des Weibchens mit ausgestülptem Duftorgan.
unten: Männchen. Das Männchen ist kleiner als das Weibchen, hat jedoch kräftigere Fühler.
Das Weibchen des Hornissenschwärmers strömt einen intensiven Duft aus, der das Männchen anlockt. Dem Duftorgan des Weibchens entsprechen die Fühler des Männchens; der Riechstoff hat im Riechvermögen sein Äquivalent. Sender und Empfänger sind also in vollkommener Weise aufeinander abgestimmt.

Der Hornissenschwärmer gilt als Prototyp eines Wespennachahmers. Seine Wespentracht soll ihn vor dem Zugriff insektenfressender Vögel schützen. ^

Hornisse *(Vespa crabro)* >
Größe: bis 30 mm.
Vorkommen: Laubmischwälder, Gärten, Parkanlagen.
Fortpflanzung: Die befruchteten Weibchen überwintern und beginnen im Frühsommer mit dem Bau einer Wabe. Zunächst entwickeln sich ausschließlich geschlechtslose Arbeiterinnen. Erst im Spätsommer entstehen Männchen und Weibchen. Bis zum Herbst wächst der Hornissenstaat auf rund 5000 Individuen an.
Besonderes: Die wehrhafte Hornisse ist das angeblich vom wehrlosen Hornissenschwärmer zu seinem Schutze nachgeahmte Vorbild.

Bienenfresser *(Merops apiaster)* >
Größe: rund 30 cm.
Vorkommen: in offenem Gelände mit eingestreuten Büschen und Bäumen, hauptsächlich im Mittelmeergebiet, hat aber auch schon in Deutschland (bei Hamburg) gebrütet.
Besonderes: Der Bienenfresser trägt seinen Namen zu Recht, denn im Sommer ernährt er sich vorwiegend von Bienen und Wespen. (Übrigens ist auch der Wespenbussard / Pernis apivorus – wie sein Name sagt – ein ausgesprochener Wespenliebhaber.) Dies zeigt uns, auf welch wackligen Beinen die Wespen-Schutztracht-Theorie steht.

nachahmen und durch seine Wespentracht vor dem Zugriff insektenfressender Vögel geschützt sein. Die Mimikry-Versuche sind, was den Hornissenschwärmer betrifft, negativ ausgefallen. Hier der Bericht von Herbert Bruns: «Rot- und Blaukehlchen nahmen Schwebfliegen *vor* der Fütterung mit Wespen ausnahmslos an; nach der ersten Fütterung mit Wespen wurden sie abgelehnt. Merkwürdigerweise wurde der wespenähnliche Hornissenschwärmer von Rot- und Blaukehlchen, Singdrosseln und Grauschnäpper angenommen.»
Im Falle des Hornissenschwärmers ist zu bedenken, daß die Flugzeiten von «Vorbild» und «Nachahmer» nicht miteinander übereinstimmen. Der Hornissenschwärmer fliegt von Ende Mai bis Anfang Juli; das Gros der Hornissen jedoch erst im Spätsommer. Ein Insektenfresser wird also den gelb-schwarzen Gesellen zweifellos in der Reihenfolge «Nachahmer» – «Vorbild» begegnen. Es ist deshalb auch viel wahrscheinlicher, daß er sich auf Grund seiner *guten* Erfahrungen mit dem wehrlosen Schwärmer an der wehrhaften Wespe «vergreift», als daß ihn seine *schlechten* Erfahrungen mit der giftigen Wespe vom Verzehr des ungiftigen Falters abhalten. Wie fragwürdig das Postulat der Wespen-Mimikry ist, zeigt sich auch darin, daß es Vogelarten gibt, die sich vorwiegend von Bienen und Wespen ernähren. Man denke nur an den Bienenfresser oder an den Wespenbussard.

Hüten wir uns deshalb davor, die Wespenähnlichkeit des Hornissenschwärmers primär als Warn- oder Schrecktracht zu deuten; hüten wir uns ganz allgemein davor, die Tiergestalt vorrangig unter dem Gesichtspunkt von Nutzen und Schaden zu betrachten. Wer das Wesen tierlicher Gestalt erkunden will, muß offen bleiben, darf sich nicht festlegen, denn «alles Festlegen verarmt» (Christian Morgenstern).

Mimikry oder Selbstdarstellung?

Bei nicht festgelegter, das heißt unvoreingenommener Betrachtungsweise zeigt sich, daß an der Oberfläche des Tieres zwei Welten zusammenstoßen: Innen und Außen. Bisher ist das Augenmerk vorwiegend auf die Außen- oder Umwelt als gestaltender Faktor gerichtet und dabei weitgehend übersehen worden, daß sich auch die Innenwelt im Erscheinungsbild des Tieres niederschlägt. Kronzeugen dieser eruptiven Innenwelt sind die Brutkleider bei den Lurchen, den Fischen und den Vögeln.
Welchen Anteil Innen und Außen am Erscheinungsbild der Schmetterlinge haben, das wollen wir nun noch etwas näher untersuchen. Beginnen wir mit der Außen- oder Umwelt: Das Verhältnis des Falters zu seiner Umwelt manife-

stiert sich in Sympathie und Antipathie, in Verbundenheit und Absonderung. Von den vier Entwicklungsstadien eines Schmetterlings, dem Ei, der Raupe, der Puppe und der Imago, sind die drei erstgenannten stark umweltverbunden. Am deutlichsten zeigt sich dies bei der Raupe. Sie schlingt ja ihre Umwelt, die Nährpflanze, förmlich in sich hinein. Zudem stimmt sie mit ihr oft in Form und Farbe überein. So ist beispielsweise die schlanke grüne Raupe des Zitronenfalters kaum von ihrem Standquartier, der Mittelrippe des Faulbaumblattes, zu unterscheiden. Analoges gilt für all jene Spannerraupen, die durch entsprechende Haltung und Gestalt ein Zweiglein ihrer Futterpflanze täuschend «nachahmen». Ganz anders liegen die Verhältnissse bei der Imago. Sie hat sich weitgehend von ihrer Umwelt abgenabelt, *verschlingt* die Nährpflanze nicht mehr, *nippt* lediglich noch an ihr oder ist gar völliger Abstinent. Auch trägt der ausgebildete Falter in unseren Breiten meist keine Umwelttracht, sondern stellt in Formen und Farben, die sich vom Milieu abheben, seine Innenwelt dar. Unter den Schmetterlingen gibt es zahlreiche Arten, bei denen die Flügel zum einen Teil verbergend, zum andern Teil auffallend gefärbt sind, bei denen also je nach Flügelhaltung die Eigenfarbe mit dem Kolorit der Umwelt übereinstimmt oder sich von ihm abhebt. Diese Falterarten präsentieren in der Ruhe ihre von außen beeinflußte Verbergtracht, in der Erregung ihre von innen bestimmte Auffalltracht. Mit anderen Worten: In der Ruhe spiegeln sie ihre Umwelt, in der Erregung bekunden sie ihr Eigenwesen.

Nach jahrzehntelanger Beschäftigung mit den Problemen der Tiergestalt kommt Adolf Portmann zu folgender Erkenntnis: «Wir sind umgeben von unadressierten Erscheinungen, die sich weder an das Auge eines Artgenossen, noch an das Sehen eines Geschlechtspartners wenden, die sich auch nicht vor einem feindlichen Auge tarnen» oder – so möchte ich hinzufügen - ein feindliches Auge durch Mimikry täuschen. «Sie stellen vor allem das besondere Wesen eines Tieres ... in der Erscheinung dar. ... Sind wir einmal so weit, daß wir diese unadressierten Erscheinungen zu beachten anfangen, so zeigen sie sich auch da, wo wir noch vor kurzem überzeugt waren, es mit engumgrenzten Zweckgestalten zu tun zu haben.»

Der Hornissenschwärmer mit seiner – wie die erwähnten Experimente gezeigt haben – «unadressierten Erscheinung» kann uns helfen, die Fesseln des in der landläufigen Biologie noch immer vorherrschenden Zweckdenkens zu sprengen und damit die Sicht auf das in der Erscheinung sich darstellende «besondere Wesen» eines Tieres freizulegen. Jedenfalls kann eine eingehende Beschäftigung mit dieser «zwecklos» auffallenden Tiergestalt dazu führen, daß wir die «unadressierten Erscheinungen zu beachten anfangen».

Das Kleine Nachtpfauenauge

Nördlich der Alpen ist die Familie der Augenspinner (Satyridae) mit nur einer einzigen Art, dem Kleinen Nachtpfauenauge (Eudia pavonia), vertreten. Die Flügelspannweite dieses Nachtfalters beträgt 60 – 90 mm, wobei die Weibchen stets etwas größer, jedoch weniger intensiv gefärbt als die Männchen sind. «Klein» ist das Kleine Nachtpfauenauge also nur im Vergleich mit dem Großen Nachtpfauenauge (Saturnia pyri), dessen Flügelspannweite bis zu 140 mm betragen kann. Saturnia pyri ist die größte Falterart Mitteleuropas. Dieser Riese ist durch die Schilderungen des französischen Entomologen Jean-Henri Fabre bekannt und berühmt geworden. Fabre hat vor allem untersucht, wie sich Männchen und Weibchen dieser Art zur Hochzeit zusammenfinden.

^
Großes Nachtpfauenauge *(Saturnia pyri)*
Das Große Nachtpfauenauge ist durch die «Souvenirs entomologiques» von Jean-Henri Fabre bekannt und berühmt geworden. Dieser Nachtfalter fliegt in Südeuropa, ist vereinzelt jedoch schon bis ins Elsaß und ins Wiener Becken vorgestoßen. Mit einer Flügelspannweite von bis zu 14 (15) cm ist er der größte Schmetterling Europas. Die Skizze zeigt ein Männchen, kenntlich an den großen Fühlern.

Das Große Nachtpfauenauge

Obwohl wir dem bei uns einheimischen und weit verbreiteten *Kleinen* Nachtpfauenauge nachspüren wollen, seien hier ein paar Stellen aus Fabres «Souvenirs entomologiques» angeführt. Denn was wir aus diesem klassischen Werk über das *Große* Nachtpfauenauge erfahren, das gilt in seinen Grundzügen auch für das Kleine, und wohl kein anderer Autor wäre besser geeignet, uns auf das grandiose Thema einzustimmen, als der «Homer der Insekten»:
«Gegen 9 Uhr abends, während das Haus sich zum Schlafen bereit machte, vernahm ich aus dem an mein Zimmer anstoßenden Gemach ein großes Gepolter. Halb angekleidet läuft, springt und trampelt, Stühle umwerfend, mein kleiner Paul wie närrisch umher. Ich höre, wie er nach mir ruft. ‹Komm rasch›, schreit er, ‹sieh die Schmetterlinge, so groß wie Vögel, das ganze Zimmer ist voll davon!›
Ich eile hinüber. Tatsächlich, die Begeisterung und die Übertreibungen des Knaben sind zu begreifen. Etwas in unserem Hause Beispielloses, eine Invasion von riesigen Schmetterlingen, hat stattgefunden. Vier sind bereits gefangen und in einem Vogelkäfig untergebracht. Viele andere fliegen unter der Zimmerdecke umher.
Bei diesem Anblick fällt mir das am Morgen eingesperrte Weibchen ein. ‹Zieh dich an, Kleiner›, sage ich zu meinem Sohn, ‹laß den Käfig und komm mit mir. Wir werden etwas Seltsames sehen.› …
Eine brennende Kerze in der Hand, betreten wir den Raum. Was wir da zu sehen bekommen, bleibt unvergeßlich. Mit gedämpftem Flick-flack umkreisen die Schmetterlinge in der dunklen Nacht die Drahtglocke, lassen sich auf ihr nieder, erheben sich, steigen zur Decke empor, kommen wieder. Sie stürzen sich auf die Kerzenflamme, löschen sie aus mit einem einzigen Flügelschlag, setzen sich auf unsere Schultern, klammern sich an unsere Kleider, streifen unser Gesicht. Das ist die Höhle des Geisterbeschwörers, erfüllt vom Wirbel der Fledermäuse, und der kleine Paul drückt mir die Hand stärker, als er sonst zu tun pflegt. …
Von überall her, und ich weiß nicht, wodurch benachrichtigt, sind vierzig Verliebte herbeigeeilt, um dem am Morgen in der Abgeschlossenheit meines Arbeitszimmers geborenen Weibchen ihre Huldigung darzubringen.» (zit. nach Kurt Guggenheim und Adolf Portmann: «Das offenbare Geheimnis»).

Das Kleine Nachtpfauenauge Vom Ei zur Raupe

Jetzt aber vom Großen zum Kleinen Nachtpfauenauge und von der Poesie zur Prosa: In der sonnendurchfluteten Rheinebene nordwestlich von Basel sind noch ein paar kleine, heideartige Gebiete vom Zugriff des Menschen verschont geblieben. In ihnen findet ein Heer von Schmetterlingen, Tag- und Nachtfaltern, Lebensmöglichkeit. Unter den Nachtfaltern ist das Kleine Nachtpfauenauge regelmäßig anzutreffen. Seine Raupe ernährt sich in diesem Biotop hauptsächlich vom Blatt der Hagrose. An einem Hagrosenzweig finden wir dann auch Mitte Mai das Gelege. Die rund 1 1/2 mm großen Eier, es werden gegen 100 Stück sein, sitzen dicht beisammen und sind rings um den Zweig angeordnet. Etwa 14 Tage nach der Eiablage schlüpfen die rein schwarzen Raupen. In Abständen von vier bis fünf Tagen häutet sich der ganze Verein fünfmal. Die Raupen werden zusehends größer und bunter, bis sie mit einer Länge von 6 – 7 cm ausgewachsen und nun auf grasgrünem Grunde schwarz geringelt sind. All die samtschwarzen Ringelbänder tragen goldgelbe oder rosarote Warzen, auf denen dunkle Haare wachsen. Die letzte Raupenhäutung findet nicht mehr öffentlich statt, sondern im Innern eines aus weißer Seide gesponnenen Kokons.
Bevor wir das Geschehen weiter verfolgen, seien die Daten der bisherigen Entwicklung genannt: Am 30. Mai schlüpfen die Raupen simultan. Schon am 6. Juni häuten sie sich zum ersten Mal. Am 10., 14. und 19. Juni finden die folgenden Häutungen statt. Vom 27. Juni an wird die Beobachtung schwierig, denn jetzt beginnen die Raupen, einen birnenförmigen Kokon aus weißer Seide zu spinnen. Im Verlauf von wenigen Stunden erhärtet das Gespinst, und seine Farbe wechselt von Weiß nach Braun.

Die Raupe spinnt einen Reusenkokon

Um die weitere Entwicklung verfolgen zu können, tragen wir durch einen Längsschnitt die Hälfte eines erhärteten Kokons ab. Was jetzt zum Vorschein kommt, ist erbärmlich: Durch das Spinnen des Kokons ist der Leib der Raupe stark zusammengeschrumpft. Wie der gefaltete Balg einer Handorgel liegt der runzelige Zwerg im Seidenbett, einem Bett, das ein paar beachtenswerte Eigenheiten aufweist: Als Ganzes gleicht der 4 – 5 cm lange Kokon einer schlanken Birne. Unten ist er geschlossen, oben weist er eine etwa 1 cm weite, röhrenförmige Öffnung auf. An der Basis dieser Öffnung steht ein Kranz aus steifen Borsten. Da diese Borsten nach oben gerichtet sind, gibt die sogenannte «Haarreuse» wohl dem künftigen Falter den Ausgang frei, den Feinden aber versperrt sie den Eingang. Im Schutze dieses Reusenkokons häutet sich nun unsere Raupe

Λ
Kleines Nachtpfauenauge *(Eudia pavonia)*
Größe: Flügelspannweite 60 – 90 mm.
Vorkommen: Der *Falter* fliegt von Mai bis Juni in heideartigen Gebieten, Gärten und lichten Wäldern. Die *Raupe* ernährt sich meist von den Blättern der Hagrose. Man trifft sie im Juni und Juli.
Fortpflanzung: Mai.
Besonderes: Entwicklung und Fortpflanzung des Kleinen Nachtpfauenauges zeigen verschiedene Eigenheiten; hier die wichtigsten: Mit einem klebrigen Sekret heftet das Weibchen ein paar Dutzend Eier an die Futterpflanze der künftigen Raupen. Aus den winzigen Eiern schlüpfen ebenso winzige Raupen. Ihr auf grünem Grund schwarz gebändertes Prachtkleid tragen sie erst kurz vor der Verpuppung.

< Die letzte Raupenhäutung erfolgt nicht mehr öffentlich, sondern im Innern eines aus Seide gesponnenen Kokons. Der Längsschnitt durch dieses birnenförmige Gebilde zeigt uns, daß wir es hier mit einem *Reusen*-Kokon zu tun haben. Auf der Abbildung ist die in der kragenförmigen Kokonöffnung sich befindliche Haarreuse deutlich zu sehen.

Beim Schlüpfen weicht der Falter mit einem Drüsensekret die steifen Haare der Kokonreuse auf. Das hier frisch geschlüpfte Weibchen hat soeben seine Flügel entfaltet. >

Die Paarung dauert mehrere Stunden. In einem einzigen Akt wird der Samenvorrat für die Befruchtung von weit über hundert Eiern übertragen. >>

zum fünften Mal, und zwar in der Nacht vom 30. Juni auf den 1. Juli. Aus der Larvenhaut schlüpft aber nicht wieder eine Raupe, sondern – welch ein Wunder – die fix und fertige Puppe. Fix und fertig ist allerdings nur die Puppenhülle. Im Innern des seltsamen Gebildes erfolgt die große Metamorphose. Bis auf kleine Inseln wird da die Raupensubstanz eingeschmolzen und zum Falter umgewandelt. An der Puppenhülle kann man jedoch von Anfang an gewisse Organe des künftigen Vollinsektes als nach außen gewölbte Scheiden erkennen. Besonders deutlich zeichnen sich die «Matrizen» der späteren Fühler ab. Aufgrund der Größe und Gestalt der Fühlerscheiden läßt sich mit absoluter Sicherheit das Geschlecht des werdenden Falters vorhersagen.

Der Falter schlüpft

Am 8. Mai des folgenden Jahres, also nach einmaliger Überwinterung im Puppenstadium, schlüpft die Imago. Mit Hilfe eines am Kopf ausgeschiedenen Sekrets weicht der schlüpfende Falter die Haarreuse am Eingang beziehungsweise Ausgang des Kokons auf und zwängt sich dann innerhalb von wenigen Sekunden durch die enge Öffnung ans Licht.

Wie sich Männchen und Weibchen zur Paarung finden

Den frisch geschlüpften Falter, es handelt sich um ein Weibchen, stelle ich in einem weitmaschigen Käfig auf den Balkon meiner im Westen Basels gelegenen Wohnung. Unglaublich, aber wahr: Im Verlaufe des 10. Mai bewerben sich drei Männchen um die Gunst des eingesperrten Weibchens. Woher die Freier gekommen sind, ist mir noch heute ein Rätsel. Sind sie wohl aus den heideartigen Gebieten der Elsässischen Rheinebene (Distanz 4 – 5 km) zugeflogen, oder haben sie sich etwa an der dicht bewachsenen Südrampe eines nahegelegenen Bahndammes entwickelt? Hauptsache, sie sind da. Einer von ihnen findet gar durch die Maschen des Käfigs hindurch den Weg zum Weibchen. Die Vielbegehrte ist plump und flugunfreudig. Träge hängt sie am ausgedienten Kokon. Nur hin und wieder stülpt sie an der Spitze ihres Hinterleibes ein rund 1 mm großes, blaßgrünes Organ, das sogenannte «Duftorgan», aus. Das Sekret dieses Organes wirkt noch in molekularer Verdünnung und lockt – wie wir heute zuverlässig wissen – die Männchen über Distanzen von mehreren Kilometern an. Die Adressaten dieses Lockduftes sind mit mächtigen Fühlern und diese wiederum mit unzähligen Riechgruben ausgestattet.

Begattung und Eiablage

Die Kopulation dauert volle zwei Stunden; begreiflich, wird doch in einem einzigen Akt der Samenvorrat für die Befruchtung von mehreren hundert Eiern übertragen. Bereits 20 Minuten nach der Paarung schreitet das Weibchen zur Eiablage. Wiederum heftet die Mutter ihren Nachwuchs an den Zweig einer Hagrose, also an jene Pflanzenart, die den künftigen Raupen als Nahrung dienen wird.

Der Kreis ist geschlossen. Aber das Fragen fängt erst so richtig an: Was hat sich bei der Entwicklung vom Ei zur Imago tatsächlich abgespielt? Und was kann der Sinn dieses grandiosen Geschehens sein? Ist hier – wie aufgrund der weltweit anerkannten darwinistischen Selektionstheorie zu erwarten wäre – die Lebenstüchtigkeit gesteigert worden?

Metamorphose – schrittweises Sichtbarwerden einer verborgenen Innerlichkeit

Suchen wir die Antworten nicht zu weit, und halten wir uns streng an die Phänomene! Bei der Metamorphose des Kleinen Nachtpfauenauges hat sich ein Punkt (Ei) zum Bild (Imago = Bild) geweitet. Vom Zauberstab des Lebens berührt, ist aus dem winzigen, unscheinbaren Keim ein mächtiger, prachtvoller Falter geworden. Wohl spielt bei diesem Prozeß das Leben eine wichtige Rolle, aber «Selbstzweck» ist es trotzdem nicht. Denn was sich beim Werden des Falters von Stufe zu Stufe steigert, ist nicht die Lebenskraft oder Lebenstüchtigkeit, sondern die Mobilität, die Sensibilität und vor allem die Ranghöhe der sichtbaren Gestalt. Unter den Schmetterlingen gibt es zahlreiche Arten (zu ihnen gehört das Kleine Nachtpfauenauge), deren Vitalität sich bei der Verwandlung zur Imago so stark erschöpft, daß der ausgebildete Falter nur noch wenige Stunden lebt und auch keinerlei Nahrung mehr zu sich nimmt. Selbst die «langlebigen» Falter können uns nicht darüber hinwegtäuschen, daß der Sinn der Metamorphose nicht eine stufenweise Ertüchtigung für den Lebenskampf, sondern das immer deutlichere Sichtbarwerden einer verborgenen Innerlichkeit ist. Die Art (Spezies), als wirkende Wirklichkeit, drängt in steigendem Ausmaß zur Erscheinung im Licht.

Die Raupe mit dem Gabelschwanz

Wer sucht, der findet

«Wer sucht, der findet.» Dieses Sprichwort gilt auch für den Naturfreund. Für ihn heißt Suchen aber nicht nur «mit offenen Augen durch Feld und Wald streifen», sondern auch die Literatur befragen. Denn gewußt *wo* suchen und *wann* suchen, ist bereits halb gefunden. Am Beispiel der Raupe des Großen Gabelschwanzes (Dicranura vinula) wollen wir die Findekraft gezielten Suchens erproben. Lassen wir uns also zunächst von der Literatur über das Wie, Wo und Wann beraten:

Die Raupe mit dem Gabelschwanz

«Auffälliger als der weißgraue Falter ist die sattgrüne Raupe. Ihr kräftiger Kopf ist braun und rot, über den einhökkerigen Rücken erstreckt sich ein violettbrauner oder rötlicher Streifen. Sie lebt von Juli bis September auf Weiden, Pappeln und Espen. Bei Beunruhigung richtet sie den Vorderkörper auf und sondert aus einer Drüse im ersten Brustsegment ein dünnflüssiges Sekret ab, das sie bis zu 20 cm weit spritzen kann. Gleichzeitig krümmt sie die Schwanzgabel nach vorn und bewegt die ausgestreckten roten Geißeln lebhaft hin und her.» (Urania Tierreich, leicht abgeändert). – Zur Drohgebärde der Gabelschwanzraupe gehört aber auch – wie wir gleich sehen werden – der «böse Blick».

Unser Forschertrieb ist geweckt. Gut vorbereitet ziehen wir ins Feld – den Weiden, Schwarz- und Zitterpappeln nach. Doch von der Gabelschwanzraupe fehlt zunächst jede Spur. Schon haben wir die Hoffnung fast aufgegeben, als Anfang Juli ein kleiner brauner Flecken auf der Oberseite eines Pappelblattes unsere Aufmerksamkeit erregt. Unter der Lupe erweist sich das Flecklein als Ei des Gabelschwanzes beziehungsweise als dessen Eihülle, denn die rund 2 mm große Kugel hat eine seitliche Öffnung und ist leer. Gründlich suchen wir Blatt um Blatt der jungen Pappel ab. Da, ein paar Stockwerke höher, sitzt ein 7 mm langes Räuplein. Seine bucklige Gestalt und zwei Fortsätze am Ende des Hinterleibes verraten den «Gabelschwanz», obwohl Farbe und Zeichnung noch keineswegs mit dem von den Büchern her bekannten Bild übereinstimmen. Unverrückbar, als wäre er festgebunden, sitzt der kleine Kobold auf der Mittelrippe des Blattes. Am folgenden Morgen erfahren wir den Grund seines Ruhigseins: Über Nacht hat er sich gehäutet und ist soeben dabei, sein abgestreiftes Kleid zu verzehren. Nach der «Jungfernmahlzeit» bezieht das Räuplein auf der Mittelrippe des Blattes wieder sein Standquartier. Von hier aus sucht es seine Nahrung auf, nach hier kehrt es immer wieder zurück. Ein Blick durch die Lupe verrät uns, daß die Mitte des Blattes mit feinen Seidenfäden dicht überzogen ist. Die Raupe hat ein Netz gesponnen, das ihr gestattet, sich auf der schwankenden Unterlage festzuklammern. Jedes Blatt wird von seiner Spitze aus zum Grunde hin aufgezehrt. Schließlich sitzt der kleine Nimmersatt auf dem Blattstiel, und zwischen seinen Kiefern verschwindet das letzte Stücklein Spreite. In kurzer Zeit wächst das Räuplein zur Raupe heran. Jeden Tag verzehrt es mindestens ein Blatt. Kein Wunder wird ihm alle sechs Tage die Haut zu eng. Nach fünf Häutungen ist es bei einer Größe von 70 mm ausgewachsen. In diesem Maß ist die Länge des zu Schwanzfortsätzen umgebildeten letzten Beinpaares nicht berücksichtigt. Zusammen mit der Größe wechseln auch Farbe und Zeichnung.

«Drohgebärde»

Die also recht stattliche Raupe soll jetzt bestätigen, was das Biologiebuch versprochen hat. Vor allem interessiert uns ihre «Drohgebärde». Durch stoßweises Anblasen bringen wir das Standblatt in Schwingung und die Raupe in Not. Sofort streckt die Bedrängte ihren Gabelschwanz über den Rücken nach vorn. Aus dem Ende der weit gespreizten Gabeläste züngelt je ein blutrotes «Würmchen» hervor. Durch ruckweises Hin- und Herwerfen des Vorderleibes wird die Abwehr noch verstärkt. Ihren Höhepunkt erreicht die Erregung aber erst dann, wenn wir die Raupe nicht an*blasen*, sondern an*singen*. Bei mittlerer Tonlage gerät das Tier beinahe außer sich. Vermutlich hat der kritische Ton die gleiche Schwingungszahl wie der Fluglaut eines gefürchteten Feindes. Eine nähere Untersuchung muß hier noch Klarheit schaffen.

Großer Gabelschwanz *(Dicranura vinula)* >
Größe: Falter: Flügelspannweite bis 80 mm; Raupe: Länge bis 70 mm.
Vorkommen: Der *Falter* fliegt von Anfang Mai bis Mitte Juli in Gebieten mit Weiden und Pappeln. Die *Raupe* findet man von Juli bis September an Weiden und Pappeln.
Besonderes: Die Raupe zeigt in Gestalt und Verhalten viele Besonderheiten; hier die wichtigsten: Der Artname Gabelschwanz kommt daher, daß bei der Raupe das letzte Beinpaar zu einem gegabelten Schwanz umgebildet ist. Die erregte Raupe kann die blutroten Schwanzspitzen ausstülpen und züngelnd bewegen.

Im Verhalten der erregten Raupe kommt auch dem vorderen Leibespol große Bedeutung zu: Die Raupe richtet sich auf und zieht den Kopf so weit ein, daß die normalerweise hintereinander angeordneten Form- und Farbelemente des ersten Leibesringes in eine gemeinsame Ebene zu liegen kommen: Die Raupe zeigt uns ihr «zweites Gesicht»! v

Der «böse Blick»

Beim «Drohverhalten» kommt nun aber nicht nur dem hinteren Leibespol, sondern auch dem vorderen, vor allem dem ersten Körpersegment, eine große Bedeutung zu. Der kopfnahe Teil dieses Segmentes ist bei der ausgewachsenen Raupe rot gefärbt. Auf das tiefe Rot folgt ein helles Gelb. An der Grenze zwischen Rot und Gelb sitzen zwei mächtige schwarze Augenflecken. In der Erregung richtet nun die Raupe ihren Vorderkörper auf und zieht den Kopf so weit ein, daß er zusammen mit dem ersten Leibessegment eine gemeinsame Ebene bildet. Die normalerweise linear aneinander gereihten Farbelemente sind jetzt zur Fläche vereint; ein tiefrotes «Gesicht» mit zwei weit aufgerissenen schwarzen «Augen» blickt uns entgegen. Bei Berührungsreizen wendet die Raupe ihren «bösen Blick» gar der Reizquelle zu. Deutlich ist jetzt auch auf der Bauchseite des ersten Leibessegmentes die spaltförmige Öffnung der Giftdrüse zu sehen; sie bildet sozusagen den Mund des Scheingesichtes.

< Die ausgewachsene Raupe wechselt ihre Farbe und ihren Standort: Der sattgrüne «Wurm» wird über Nacht violettbraun, verläßt das Pappelblatt und zieht der Rinde seines Futterbaumes zu. Sobald der Auswanderer einen passenden Rindenspalt gefunden hat, spinnt er sich ein. Mit den Kiefern beißt er kleine Rindenstücke los und verbindet sie mit seinem klebrigen Spinnfaden zu einem dichten Gewebe.
In knapp einer Stunde ist der Rohbau erstellt. Von der Raupe ist jetzt keine Spur mehr zu sehen. Das ehemalige Rindental hat sich in einen «Rindenberg» verwandelt. Im Endzustand ist der Kokon fest und starr wie Holz. Sein Aussehen verschmilzt mit der Umgebung zur optischen Einheit.

Zehrer und Nährer

Nach dem Abstecher ins «kriegerische» Abwehrverhalten kehren wir zum «friedlichen» Raupenalltag zurück. Die nun rund kleinfingerlange Raupe wird allmählich freßunlustig. Nachdem sie eines Abends die Nahrungsaufnahme ganz eingestellt hat, webt sie auf der Blattoberseite ein besonders dichtes Seidennetz. Vermutlich wird sie sich über Nacht nochmals häuten. Weit gefehlt: Am folgenden Morgen ist die Unglückliche von einem Wall kleiner weißer Kokons umgeben. In ihrem Innern sind rund 150 Brackwespenlarven herangewachsen. Unter Schonung der lebenswichtigen Organe haben die Parasiten ihren Wirt allmählich ausgehöhlt und sich dann durch seine welke Haut den Weg in die «Freiheit» gebahnt. Die stark mitgenommene Raupe muß noch erleben, wie nach einer Puppenruhe von sechs Tagen die ausgebildeten Brackwespen schlüpfen und davonfliegen. Setzt sich eines der kaum 3 mm großen Wespchen auf den sterbenden Wirt, so bäumt er sich auf. Doch der Zwerg läßt sich vom gefesselten Riesen nicht einschüchtern.
Offensichtlich will die Natur, daß des einen Zehrer des anderen Nährer ist. Dieses eherne Gesetz macht auch vor der Gabelschwanzraupe und ihrem «bösen Blick» nicht halt, sowenig wie es die Brackwespe verschonen wird.

Polyembryonie

Als wir die Raupe gefunden hatten, war sie – wie gesagt – knapp 7 mm lang. Unerklärlich ist uns, daß ein so winziges Geschöpf rund 150 Brackwespeneier in sich getragen haben soll. Ein späterer Befall ist ausgeschlossen, da wir die Raupe in einem schmarotzersicheren Käfig verwahrt hielten. Die Zoologen haben des Rätsels Lösung gefunden: Polyembryonie! Nach der ersten Kernteilung zerfällt das Brackwespenei in viele kleine Stücke, von denen sich ein jedes zum Vollinsekt entwickeln kann. Möglicherweise sind die 150 Wespen aus bloß drei Eiern hervorgegangen. Die durch Polyembryonie entstandene große Individuenzahl muß allerdings durch Eingeschlechtlichkeit erkauft werden.

Verpuppung in Rindenversteck

So lehr- und aufschlußreich der Befall durch die Brackwespe auch ist, hat er doch unsere Beobachtung vorzeitig abgebrochen. Er zwingt uns wieder auf die Beine – den Weiden und Pappeln nach. Welch ein Glück: An der gleichen Pappel finden wir eine zweite Raupe. Welch weiteres Glück: Das zweite Exemplar ist frei von Parasiten. Es

wächst zur vollen Größe heran und verpuppt sich in normaler Weise. So wird uns denn in neuer Besetzung der zweite Akt des großartigen Schauspiels geboten.
Am Tag vor der Verpuppung sitzt die nun 7 cm lange Raupe regungslos an einem Zweig. Den Kopf hält sie zur Brust geneigt; die «Schrecktracht» bleibt verborgen. Ein dunkelgrünes Blatt sitzt unter dunkelgrünen Blättern.
Über Nacht geschieht jedoch ein kleines Wunder: Die Raupe wechselt sowohl ihre Farbe als auch das Verhalten. Aus dem Dunkelgrün wird ein Braunviolett, aus dem trägen Verharren ein ruheloses Wandern. Gewandelt hat sich aber auch das Verhältnis zu oben und unten. Der Emigrant sucht nicht mehr das grüne Blatt in lichter Höhe, sondern die dunkle Borke am Grund des Futterbaumes. Seine Reise geht von Rindenberg zu Rindental, bis er in einem tiefen, mit Moos ausgekleideten Spalt endlich zur Ruhe kommt. Aber die Rast ist nicht von langer Dauer. Gleich pendelt die Raupe mit ihrem Vorderkörper rhythmisch hin und her. Bei jedem Hin und bei jedem Her läßt sie aus einer Drüse am Kopf einen dünnen Faden austreten, heftet ihn an beiden Enden auf der Unterlage fest und webt so ein feines Netz. Von allem Anfang an durchsetzt sie das Seidengewebe mit kleinen Moos- und Rindenstükken, die sie mit ihren Freßwerkzeugen vom Lager losgebissen hat. Kaum sind die ersten Fäden ausgespannt, schiebt sich die Weberin unter ihr Werk und arbeitet nun von unten nach oben beziehungsweise von innen nach außen. Größer und größer, dichter und dichter wird das Gespinst. In knapp einer Stunde ist der Rohbau erstellt. Von der Raupe ist jetzt keine Spur mehr zu sehen. Nur das gelegentliche Beben der kleinen «Rindenkuppel» verrät uns ihr Dasein und Schaffen. Nach und nach verebbt auch dieses Beben. Zum Schluß ist die Decke starr und hart wie Holz. Für uns Menschen läßt sie sich in keiner Weise mehr von der Umgebung unterscheiden: Das Rindental hat sich in einen Rindenberg verwandelt. Wird der «Tarnüberzug» wohl auch vor den Feinden schützen? Nach den bisherigen Erfahrungen muß ich diese Frage mit «nein» beantworten.

Es gibt keinen absoluten Schutz

Dieses kategorische «Nein» ist nicht aus der Luft gegriffen, sondern stützt sich auf ein eindrückliches Erlebnis. Um meinen Freunden die «Zauberkünste» der Gabelschwanzraupe vorführen zu können, hatte ich ein ausgewachsenes Exemplar samt einem großen Stück alter Pappelrinde mit nach Hause genommen. Alles verlief programmgemäß. Nach der üblichen Wanderung hat die verpuppungsreife Raupe ein vortreffliches Rindenversteck erstellt. Keiner meiner Freunde, der das Geschehen nicht mitverfolgt hatte, war imstande, den Kokon oder auch nur eine kokonverdächtige Rinden-Partie auf den ersten Anhieb zu entdecken.

∧
Die Raupe des Großen Gabelschwanzes erstellt zur Verpuppung in einem Rindenspalt einen stabilen und – nach menschlichem Ermessen – gut getarnten Kokon.
Zur weiteren Beobachtung hatte ich einst ein Stück Pappelrinde mit einer in einem Spalt verpuppten Gabelschwanz-Raupe auf dem Balkon meiner im Westen Basels liegenden Wohnung aufgestellt. Kaum war die «Pappel» plaziert, flog eine *Kohlmeise* herbei, krallte sich an der Rinde fest und hämmerte mit ihrem Schnabel gezielt nach dem «verborgenen» Leckerbissen. Aus dieser Erfahrung heraus möchte ich hinter die oft und hoch gerühmte «Tarnung im Tierreich» ein großes Fragezeichen setzen.
Die Skizze zeigt uns eine Kohlmeise (Parus major) und einen freigelegten, aufgeschnittenen Kokon des Großen Gabelschwanzes mit Puppe.

Eine Kohlmeise als «Hellseher»

Im Bestreben, der eingesponnenen Raupe ein möglichst natürliches Klima zu bieten, stellte ich das Rindenstück offen auf den Balkon. Ein Entfliehen des eingesponnenen «Wurmes» war nicht zu befürchten, und bis zum Schlüpfen des Falters dürfte es noch mehrere Monate dauern. Tatsächlich ist weder die Raupe entflohen, noch ist der Falter geschlüpft, aber etwas anderes, völlig Unerwartetes, hat sich ereignet: Kaum war die «Pappel» auf dem Balkon plaziert, flog eine Kohlmeise herbei, krallte sich an der Rinde fest und hämmerte mit ihrem spitzen Schnabel gezielt nach dem «verborgenen» Leckerbissen. Hätte ich nicht sofort eingegriffen, so wäre es um die Raupe geschehen gewesen.
Meine Wohnung befindet sich im Westen Basels, an einem Ort, der vom Großen Gabelschwanz bestimmt gemieden wird. Es darf also mit großer Wahrscheinlichkeit ange-

Trotz ihrer angeblich ausgezeichneten «Schrecktracht» > erreichen nur wenige Gabelschwanzraupen das Stadium der Imago. Unser Exemplar gehört zu diesen Wenigen. Es verpuppt sich in seinem Rindenversteck. Die Puppe überwintert. Und im Mai des folgenden Jahres schlüpft das Vollinsekt. Welch ein Wunder: Während des Puppenstadiums ist die erdgebundene Raupe in den geflügelten Falter umgewandelt worden.

nommen werden, daß die anwohnenden Kohlmeisen noch nie in ihrem Leben einer Gabelschwanzraupe oder deren Rindenversteck begegnet sind. Wenn sie trotzdem direkt auf den Kokon losschossen beziehungsweise loshämmerten, so müssen sie über eine «Hellsichtigkeit» verfügen, die selbst das dichteste Versteck durchdringt. Auch wenn wir «Hellsichtigkeit» durch «Instinkt» ersetzen, ist für die Erkenntnis nicht viel gewonnen, es sei denn, wir erweitern diesen Begriff auf das Tier *und* seine Umwelt, so daß aus der äußeren Zweiheit eine innere Einheit wird. – Doch kehren wir vom Balkon ins Freilandlabor zurück:
Von den vielen Nachkommen eines Gabelschwanz-Paares erreichen nur wenige das «Ziel». Gehört unsere Raupe zu diesen Wenigen, so verpuppt sie sich in ihrem Rindenversteck. Die Puppe überwintert. An einem sonnigen Tag im April oder Mai des folgenden Jahres schlüpft der fertig entwickelte Gabelschwanz.

Wie kann sich der schlüpfende Falter aus dem Rindenversteck befreien?

Wie wird sich wohl das zarte Geschöpf aus der immer noch fest verschlossenen Rindenkammer befreien? Wird es den starren Kammerdeckel zertrümmern, oder wird es – was ich vermute – den Überzug als Ganzes absprengen?

Keines von beiden geschieht. Vielmehr macht der Falter genau das gleiche wie seinerzeit die Raupe: Aus einer Drüse am Kopf sondert er ein glasklares Sekret ab. Doch – welch ein Wunder – während das Raupensekret dem Kokon für viele Monate Form und Festigkeit gegeben hat, weicht ihn die Falterabsonderung in wenigen Sekunden auf. Die aufgeweichte Stelle zerreißt, und ein zunächst undefinierbares, langhaariges Etwas drängt ans Licht. Nur wenige Zentimeter von der Puppenwiege entfernt ruht der Neugeborene von den Strapazen seines Schlüpfens aus. Eng schmiegt er sich der Rinde an. In der Ruhestellung legt er seine Flügel dachförmig über den Hinterleib. Den Kopf mit den mächtigen Augen und Fühlern verbirgt er zwischen dem nach vorne gestreckten ersten Beinpaar. Diese eigenartige Haltung und der silbergraue Pelz mit den schwarzen Schnörkeln tragen dazu bei, daß sich der ruhende Falter trotz seiner stattlichen Größe (Flügelspannweite 7 – 8 cm) kaum von der graubraunen Pappelrinde abhebt.
Die Geschlechter des Gabelschwanzes gleichen sich in Farbe und Zeichnung. Das Männchen ist etwas kleiner als das Weibchen, hat aber größere Fühler. Im Flugverhalten zeigt sich ein weiterer Unterschied: Sobald die Nacht hereinbricht, flattern die Männchen unruhig umher, wogegen sich die Weibchen nur schwer von ihrem Tagesversteck trennen

Der «verführerische» Duft

Zur Paarungszeit strömen die Weibchen einen Sexuallockduft aus, dem die Männchen mit Hilfe ihrer mächtigen Fühler nachspüren. Unermüdlich fliegen die Freier dem Duftgefälle entgegen, bis sie durch Versuch und Irrtum ans «Ziel» gelangen. Schon kurz nach der Paarung legt das Weibchen seine Eier. Jedes der zahlreichen, braunen Kügelchen heftet es einzeln an die Oberseite von Weiden- und Pappelblättern, an jene Blätter also, die der künftigen Raupe als Nahrung dienen werden.

Wunder der Metamorphose

Ein neuer Zyklus beginnt. Und wieder verwandelt sich vor unseren Augen ein unscheinbares «Nichts» in ein prachtvolles «Etwas». Zusammen mit dem Äußeren wird auch das Innere metamorphosiert: Aus der *vitalen* Raupe entwickelt sich der *sensible* Falter. Trotz dieser sichtbaren Veränderungen ist und bleibt die Schmetterlingsmetamorphose ein «offenbares Geheimnis». Offenbar sind ihre Wirkungen, geheim sind ihre Ursachen. Wohl haben die Physiologen Hormone als auslösende Faktoren entdeckt. Aber Hormone sind bloß Botenstoffe. Sie sind die bekannten Boten einer unbekannten Instanz. In Anlehnung an Goethe möchte ich diese Instanz als «Urinsekt» bezeichnen, als «Idee», die sich schrittweise verkörpert und so «aus dem Ei eine Raupe und aus der Raupe einen Schmetterling heraufführt».

Die Blattschneiderbiene

Wer das Wort «Biene» hört, denkt wohl in erster Linie an die Honigbiene. Dichter und Naturforscher haben dem Leben im Bienenstaate nachgespürt und zur großen Popularität des kleinen Insektes beigetragen. Geblendet vom hellen Rampenlicht, in dem «Biene und Bien» stehen, übersehen wir meist, daß es neben der staatenbildenden Honigbiene noch eine große Zahl einzeln lebender Bienenarten gibt. Zu diesen Solitären gehören auch die Blattschneiderbienen.

In Mitteleuropa sind die Blattschneiderbienen mit rund einem Dutzend Arten vertreten. Ihre vertikale Ausbreitung erstreckt sich vom Flachland bis weit in die Alpen. Doch weder in tiefen noch in hohen Lagen sind sie häufig anzutreffen. Am ehesten wird man noch der *Gemeinen Blattschneiderbiene* (Megachile centuncularis) begegnen. Sie soll uns denn auch Modell für die folgende Skizze stehen.

«Blattschneider» sind nur die Weibchen

«Blattschneider» sind genau genommen nur die Weibchen, denn nur sie sind mit der Kunst des Blattschneidens begabt. Bei unserer Art wird das Weibchen etwa so groß wie die Arbeiterin der Honigbiene. Seine Feldkennzeichen sind das «hohle Kreuz» und eine dichte rotbraune Bauchbürste. Auffälliger als das Insekt selbst, sind allerdings seine charakteristischen Schnittspuren an den Blättern verschiedener Pflanzenarten. Der Weg unserer Beobachtung wird daher meist vom Schnitt zum Schneider führen.

Was uns an den einsiedlerisch lebenden Bienen besonders fesselt, ist ihre hoch entwickelte Brutfürsorge. Bei allen Arten bauen die Weibchen für jeden ihrer Nachkommen eine separate Brutzelle. Doch so einheitlich der Grundplan, so verschieden ist die Ausführung: Jede Art hat ihren eigenen Baustoff und ihr eigenes Bauverfahren. Beispielsweise gibt es Arten, die für ihren Nachwuchs aus durchspeicheltem Lehm oder Sand backofen-, krug- oder kugelförmige Brutzellen erstellen. Andere wiederum gestalten ihre Kinderwiegen aus Materialien pflanzlicher Herkunft. Zu ihnen gehört die Gemeine Blattschneiderbiene.

Wie ihr Name andeutet, schneidet sie mit den Kieferzangen kleine Stücke aus den Blättern verschiedener Pflanzenarten (Hagrose, Flieder, Hainbuche, Robinie etc.). Mit der «grünen Tapete» kleidet sie nun bereits vorhandene oder auch selbst gegrabene Hohlräume aus. Wir finden die Nester vor allem in hohlen Pflanzenstengeln, in den Rissen morscher Balken oder in den verlassenen Bohrgängen von holz- und erdbewohnenden Insekten.

Runde und ovale Blattausschnitte

Dem aufmerksamen Beobachter wird auffallen, daß die Blattausschnitte verschiedene Größe und Gestalt haben. Neben kleinen runden Stücken finden wir große ovale. Mit den ovalen Blattausschnitten belegt das Bienenweibchen die Wände der meist mehr oder weniger zylindrischen Höhlungen; mit den runden baut es Boden und Deckel. Immer liegen die Blattstücke in mehreren Schichten übereinander, und stets sind die inneren Schichten durch ein speichelartiges Sekret fest miteinander verbunden. Die fertig erstellten Zellen gleichen einem Fingerhut. Je nach der Größe des zur Verfügung stehenden Raumes wird nur eine einzige Zelle erbaut, oder es werden gleich mehrere hintereinander gereiht. Bei den Reihenbauten bildet der Deckel der vorhergehenden Kammer jeweils den Boden für die nachfolgende. Sobald eine Zelle fertig erstellt ist, wird sie mit dem Futter für die kommende Larve vollgestopft.

< Gemeine Blattschneiderbiene *(Megachile centuncularis)*
Größe: 10 – 12 mm.
Vorkommen: in offenem Gelände. Meine Beobachtungen des Vollinsektes erstrecken sich von Juni bis September.
Besonderes: Die Blattschneiderbiene gehört zu den solitär lebenden Bienenarten und unter diesen zu den Bauchsammlern. Ihre Feldkennzeichen sind das «hohle Kreuz» und die als Sammelwerkzeug dienende braunrote Bauchbürste.

«Blattschneider» sind lediglich die Weibchen. Ihre Schneidwerkzeuge sind die mächtigen Kieferzangen. Mit der Schere ist ihnen gleich auch die Schnittkunst und das Schnittmuster gegeben. ∧

Die Biene hat aus der Spreite eines Hagrosenblattes ein kleines Stück ausgeschnitten und ist nun mit ihrer Fracht am Eingang zur Bruthöhle gelandet. In der Ritze des morschen Balkens erstellt sie die fingerhutförmigen Kinderstuben für ihren Nachwuchs. >

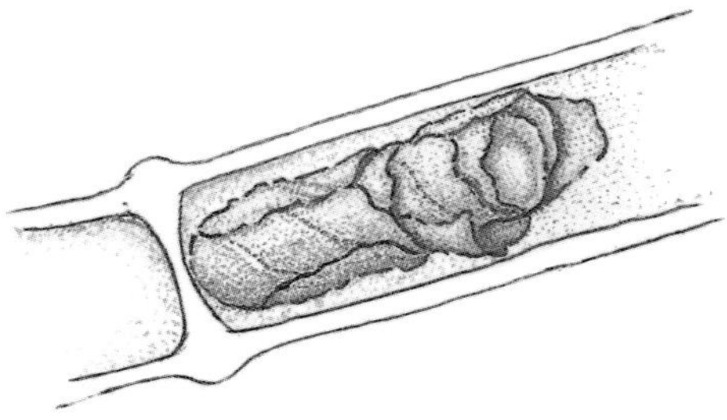

Λ
Die Blattschneiderbienen haben ihren Namen daher, daß ihre Weibchen aus den Blättern verschiedener Pflanzenarten Stücke heraustrennen und mit ihnen in passenden, selbst erstellten oder vorgefundenen Hohlräumen Brutzellen für den Nachwuchs bauen.
Auf der Skizze sind zwei ineinander geschachtelte Brutzellen in einem hohlen Pflanzenstengel dargestellt.

Bauchsammler

Die Gemeine Blattschneiderbiene gehört zu den Bauchsammlern. Der Hinterleib des Weibchens ist auf der Bauchseite mit einer großen Bürste versehen, deren rotbraune Haare nach hinten gerichtet sind. «Das Tier wird durch seine Organe belehrt.» Diese alte Erkenntnis bewahrheitet sich beim Verhalten des Megachile-Weibchens aufs neue. Denn beim Blütenbesuch bewegt es sich oft vor und zurück, also mit dem Lauf und gegen den Lauf seiner Bauchbürste. Bei diesem Vor und Zurück streift es den Blütenstaub aus den Antheren. Schwer beladen fliegt nun das Insekt zu seinem Bau. Im Innern der Brutzelle kämmt es mit den Hinterbeinen den Pollen aus der Bauchbürste und vermischt den goldgelben, eiweißhaltigen Staub mit Nektar zu einem dickflüssigen Brei. Sobald der Pollen-Nektar-Berg die «vorgeschriebene» Größe erreicht hat, erfolgt die Eiablage. Unmittelbar nach dem Legeakt wird die Brutzelle verschlossen.
Der Bau einer Brutkammer und das Eintragen des Larvenfutters dauern zusammen meist mehrere Tage. In einer Zellkolonie kann daher zwischen der Ablage des ersten und des letzten Eies mehr als eine Woche verstreichen. Dies trifft vor allem dann zu, wenn die Brutfürsorgetätigkeit durch schlechte Witterung verzögert wird.

Die Ersten werden die Letzten sein

Bei Reihenbauten enthält die hinterste Zelle das erste Ei. Logisch wäre nun, daß sich aus dem ersten Ei die erste Larve, aus dieser die erste Puppe und in der Folge auch die erste Imago entwickeln würde. Logisch wäre auch, daß sich die «Erstgeborene» beim Verlassen der Kinderwiege durch all die vorgelagerten Brutkammern hindurchbeißen und dadurch die weitere Entwicklung ihrer jüngeren Geschwister gefährden oder gar unterbinden würde. Doch in diesem Falle stimmen die Tatsachen mit unserer strengen Logik nicht überein: In den hinteren Kammern wachsen Männchen heran, deren Entwicklung ein paar Tage länger dauert als die der Weibchen, so daß die ganze Brut etwa zur gleichen Zeit flügge wird. Hinzu kommt, daß die in den hinteren Kammern liegenden Keime nicht optimal mit Sauerstoff versorgt werden, was die Entwicklung ohnehin etwas verzögert.

Ein «letzter Dienst»

Unserer Logik widerspricht auch, daß die Mutter, nachdem sie die Brutfürsorge längst abgeschlossen hat, ihrem Nachwuchs noch einen «letzten Dienst» erweist. Wenn ihr Lebensende naht, schlüpft sie – wie ich mehrmals beobachten konnte – zu den Zellen in den Bau. Mit ihrem Leichnam verschließt sie den Höhleneingang und behütet so – über den Tod hinaus – das keimende Leben in den Kinderstuben.

Das Stete im Wechselnden

Eine Bienengeneration löst also die andere ab; die *Exemplare* wechseln, aber die *Art* bleibt weitgehend konstant. Angesichts dieser unbestreitbaren Tatsache drängt sich uns die Frage nach dem Steten im Wechselnden auf. Mit dem Hinweis auf die Gene als «Ursache» der Artkonstanz ist das Problem nicht gelöst. Denn die Gene ‹‹machen› doch nicht die Eigenschaften, deren Vererbung sie sicherstellen, sondern sie ermöglichen nur, daß diese Eigenschaften sich irgendwie – und wir wissen nicht, wie – vererben und realisieren!» (Joachim Illies).

< Weit öfter als der Biene selbst wird man ihren charakteristischen Schnittspuren begegnen. Die ausgeschnittenen Blattstücke sind teils oval, teils rund. Mit den ovalen Stücken erstellt unsere «Tapeziererin» die Wände der Brutzellen; die runden Stücke verwendet sie zum Bau von Boden und Deckel.

Ja, wenn nicht die Gene, was ist denn sonst die Ursache der Artkonstanz? Antwort: Es ist die *Art*; die Art nun allerdings nicht im üblichen Sinne von «grundlegende Einheit des Natürlichen Systems», sondern als *wirkende Wirklichkeit*. – Beim Generationenwechsel der Blattschneiderbiene gibt es eine Phase, in der sich die Realität der Art besonders deutlich manifestiert. Ich denke hier an die Entwicklung der Individuen der neuen Generation. Wenn wir uns unvoreingenommen in dieses Geschehen vertiefen und speziell auf die Gestaltumwandlung vom Ei über die Larve und Puppe zur Imago achten, so können wir erfahren, wie hier die Art sich Schritt für Schritt dem Stoffe einverleibt, wie sie die Gestalt ihres «Trägers» Stufe um Stufe emporhebt, bis sie sich in der Imago (Imago = Bild) ein «konformes» Abbild geschaffen hat.

Die weit verbreitete Interpretation der Gestaltumwandlung als «Steigerung der Lebenstüchtigkeit» fällt schon deshalb außer Betracht, weil die Imago meist viel hinfälliger als alle ihr vorangehenden Entwicklungsstadien ist.

Die Natur – so sagt Goethe – hat kein Geheimnis, «was sie nicht *irgendwo* dem aufmerksamen Beobachter nackt vor die Augen stellt». Gelingt es uns, die Vorurteile auszuräumen, so kann der Generationenwechsel der Blattschneiderbiene zu einem dieser weit verbreiteten, aber nur schwer auffindbaren «Irgendwo» werden.

Die Zweifarbige Mauerbiene und ihr Schneckenhaus

Das Leben der Bienen ist voller Wunder. Denken wir doch nur an das, was uns der «Bienenvater» Karl von Frisch und seine Mitarbeiter über das Verhalten der staatenbildenden Honigbiene (Apis mellifica) zu berichten wissen, beispielsweise an die «Tanzsprache», mit deren Hilfe die heimgekehrten Sammlerinnen ihre Stockgenossen über Lage, Art und Ergiebigkeit der aufgespürten Trachtquelle unterrichten.

Die einzelnen lebenden Bienenarten

Nicht minder wundervoll, jedoch weit weniger bekannt, ist die Lebensweise der einzeln lebenden (solitären) Bienenarten. An ihrem Verhalten fesselt uns vor allem die von Art zu Art verschiedene, meist aber recht hoch entwickelte Brutfürsorge. Sehen wir uns ein paar Ausschnitte aus diesem grandiosen Geschehen an:

Der Mauerbienen

Aufgrund der unterschiedlichen Nistweise lassen sich die solitären Bienenarten in drei Gruppen unterteilen: in Grabnister (Sand- und Erdbienen), Baunister (Pelzbienen) und Maurer (Mörtel- und Mauerbienen). Die Mauerbienen, für die wir uns hier speziell interessieren, zeichnen sich dadurch aus, daß sie ihre Brutzellen aus Lehm, Sand oder Pflanzenteilen in vorgefundenen oder selbst erstellten Hohlräumen errichten.

Drei repräsentative Arten

Wie verschieden die Nistweise selbst noch innerhalb der gleichen Gruppe sein kann, sollen uns drei repräsentative Mauerbienen: die Mohn-Mauerbiene (Osmia papaveris), die Rote Mauerbiene (Osmia rufa) und die Zweifarbige Mauerbiene (Osmia bicolor) zeigen. Lassen wir uns zunächst von Osmia papaveris und Osmia rufa das Brutverhalten vorführen:

Die Mohn-Mauerbiene

Die Mohn-Mauerbiene gräbt im Boden eine kleine, nach unten sich erweiternde Höhle. Diesen Napf legt sie mit Ausschnitten von Blütenblättern des Klatschmohnes aus. Als Nahrung für ihre Nachkommen trägt sie Pollen und Nektar der Kornblume ein. An den Nahrungsvorrat legt sie ein Ei und verschließt dann den Bau durch das Zusammenfalten der nach oben vorstehenden Blütenblätter. Über der verschlossenen Brutzelle türmt sie noch ein kleines Häuflein Erde.

Die Rote Mauerbiene

Die Rote Mauerbiene ist in jeder Beziehung weniger stark spezialisiert. Ihre Brutzellen finden wir in hohlen Pflanzenstengeln, unter Dachziegeln, ja sogar in Schlüssellöchern. An diesen (und noch vielen anderen) Orten erstellt Osmia rufa Reihenbauten aus durchspeicheltem Lehm, stopft jede Kammer mit einem Gemisch von Blütenstaub und Nektar verschiedenster Herkunft voll, heftet an den Futterballen ein Ei und mauert schließlich die Öffnung der letzten Zelle zu.

«Anpassung» schränkt den Lebensspielraum ein

Innerhalb der gleichen Gattung gibt es also hochspezialisierte neben weniger hochspezialisierten Arten. Spezialisierung ist heute für viele Biologen gleichbedeutend mit «Anpassung». Seit Darwins Selektionstheorie wird die Anpassung vielfach als der wichtigste Evolutionsfaktor betrachtet: Diejenigen Lebewesen, die ihrer Umwelt zufällig am besten angepaßt sind, haben angeblich die größte Überlebenschance und liefern zugleich das geeignetste «Material» für die Höherentwicklung. In unserem Falle aber stimmt die Theorie nicht mit den Tatsachen überein.

Die Mohn- und die Rote Mauerbiene geben uns vielmehr deutlich zu erkennen: Je vollkommener ein Tier an seine Umwelt angepaßt ist, desto kleiner ist auch sein Lebensspielraum. Im Extremfalle wird die Anpassung gar zur biologischen Sackgasse. So ist denn die völlig angepaßte Mohn-Mauerbiene durch die Vernichtung ihrer Umwelt, des Klatschmohnes und der Kornblume, praktisch ausgerottet worden, wogegen sich die weniger stark angepaßte Rote Mauerbiene immer mehr ausbreitet. In neuerer Zeit ist diese Art gar bis in die Parkanlagen unserer Städte vorgedrungen.

Die Zweifarbige Mauerbiene und ihr Schneckenhaus

Die Zweifarbige Mauerbiene, mit der wir uns nun eingehender befassen wollen, gehört wiederum zu den Spezialisten. Aber ihre Umwelt und damit auch ihr Lebensspielraum sind nicht so eng begrenzt wie bei der «Gefangenen» des Klatschmohns und der Kornblume. Ihr Artname «Zweifarbige Mauerbiene» ist darauf zurückzuführen, daß in beiden Geschlechtern der Kopf und die Brust schwarz, der Hinterleib und auch weitgehend die Beine hingegen rot behaart sind. Der zweifarbige Vierflügler wird knapp

< Zweifarbige Mauerbiene *(Osmia bicolor)*
Größe: rund 10 mm.
Vorkommen: vor allem in heideartigen Gebieten; solitär lebend.
Besonderes: Die Zweifarbige Mauerbiene fällt uns durch ihre spezielle Brutfürsorge auf: Das Weibchen requiriert als «Kinderstube» für seine Nachkommen ein leeres Schneckenhaus. Mit einem Brei aus zerkautem Pflanzenmaterial unterteilt es den gewundenen Hohlraum in mehrere Brutkammern. In jede dieser Kammern trägt es ein Gemisch aus Blütenstaub und Nektar ein, heftet an jeden Futterballen ein Ei und verstopft schließlich den Hauseingang mit Erdkrumen und kleinen Steinen.

∧ Nachdem die kleine Biene das große Haus verschlossen hat, fliegt sie Dutzende von dürren Halmen herbei und deckt mit ihnen den «trächtigen» Bau vollständig zu. Schon in kurzer Zeit ist das Schneckenhaus unter seinem Halmdach kaum mehr zu sehen.

< Im Rahmen einer zoologischen Exkursion ist zu Unterrichtszwecken ein «bienenträchtiges» Schneckenhaus bis zur obersten Brutzelle geöffnet worden. Dies gibt uns die seltene Gelegenheit, die Innenausstattung der Mauerbienen-Kinderstube kennenzulernen. Deutlich sind hier der Futterballen und das ihm aufsitzende Bienenei sowie der aus Erdkrumen gebildete Verschlußpfropfen zu sehen.
Nachdem die Fakten längst bekannt sind, sollten in Anbetracht des grassierenden Artenschwundes künftig auch solch relativ harmlose Eingriffe in die Natur möglichst vermieden werden.

10 mm lang. Sein Vorkommen ist auf die heideartigen Gebiete des Flach- und Mittellandes beschränkt. An sonnigen Tagen fliegt das kleine Insekt schon Ende März, Anfang April. Die Blüten verschiedener Veilchenarten und der Traubenhyazinthe scheinen seine bevorzugten Gaststätten zu sein. Mit viel Ausdauer und etwas Glück können wir die Biene aber nicht nur beim Blütenbesuch, sondern auch beim Aufspüren einer passenden Nistmöglichkeit beobachten. Etwa von Mitte April an sucht das Weibchen sein Wohngebiet kreuz und quer ab. Es ist schwer, das fliegende Insekt nicht aus den Augen zu verlieren. Offensichtlich fällt es aber auch der Biene nicht leicht, einen geeigneten Nistplatz zu finden, denn immer wieder läßt sie sich «prüfend» auf der Erde nieder, und immer wieder setzt sie zu neuem Suchflug an. Was sie «sucht» und früher oder später auch «findet», ist das leere Haus einer Weinberg- oder Schnirkelschnecke. Am «Ziel» angelangt, schreitet das Weibchen seinen Fund mehrmals in allen Himmelsrichtungen ab, als wollte es dessen Lage und Eignung begutachten. Wird das Haus für gut befunden, so geschieht etwas Unglaubliches: Das kleine Insekt zwängt sich unter die große und schwere Schale. Zunächst hebt es für die künftige Kinderwiege ein passendes Bett aus, dann dreht es sich auf den Rücken und wendet mit Hilfe seiner Beine das Schneckenhaus so lange, bis dessen Öffnung der Erde zugekehrt ist.

Einst, als noch unerfahrener «Entomologe», hatte ich versucht, die Lage des bezugsbereiten Schneckenhauses so zu verändern, daß dessen Öffnung von der Seite her zu sehen war, wollte ich doch das Weibchen beim Eintragen des Larvenfutters beobachten und photographieren. Doch der Versuch war gründlich mißlungen. Denn schon bei ihrem nächsten Besuch hatte die Biene ihren Unterschlupf auf gewohnte Weise in die «vorgeschriebene» Lage zurückgedreht.

Brutfürsorge

Sobald das Schneckenhaus richtig gebettet ist, beginnt Osmia bicolor dessen gewundenen Hohlraum mit einem Brei aus zerkautem Pflanzenmaterial in Zellen zu unterteilen. Wie ihre Verwandten verproviantiert auch sie die Brutkammern mit Blütenstaub und Nektar, und gleich ihnen legt auch sie in jede Kammer ein Ei. Lediglich die äußerste Zelle bleibt leer oder wird, was oft geschieht, mit kleinen Steinen und Erdkrumen angefüllt. Der Verschlußpfropfen besteht, wie die Zellwände, aus zerkautem und rasch erhärtendem Pflanzenmaterial. In einem letzten Akt deckt Osmia bicolor das verschlossene Schneckenhaus mit einer dicken Schicht kleiner Hälmchen zu.

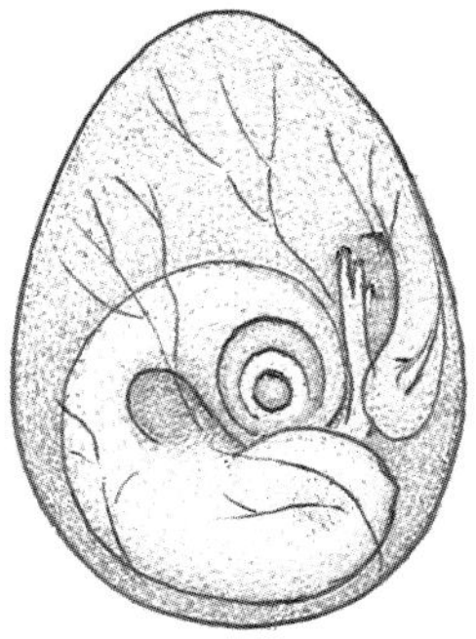

Zwischen dem Brutgeschehen bei der Zweifarbigen Mauerbiene und demjenigen verschiedener Vogelarten bestehen – wie im Text ausgeführt – gewisse Parallelen.
Zum Vergleich ist auf der Skizze ein im Nahrungsdotter des Eies schwimmender Vogelembryo dargestellt.

Vergleich mit höheren Tieren

Wir wollen nun nicht in üblicher Weise den «Nutzen» dieses Verhaltens erwägen, sondern versuchen, durch einen Vergleich mit den entsprechenden Verhältnissen bei höheren Tieren, das Besondere der Brutfürsorge unseres zweifarbigen Einsiedlers zu erfassen: Die höchstentwickelten Tiere, die Säugetiere, tragen ihre Jungen im Leibe aus. Auch andere Tiere, zum Beispiel einige Fische, Lurche, Echsen und Schlangen sind «lebendgebärend». Aber weitaus die meisten legen Eier, so daß sich ihre Jungen hauptsächlich außerhalb des Mutterleibes entwickeln. Zu diesen Eierlegern gehören unter anderen sämtliche Vögel und nahezu alle Insekten.
Wird der Nachwuchs im Leibe ausgetragen, so empfängt er vom mütterlichen Organismus die für sein Gedeihen erforderliche Wärme, Feuchtigkeit und Nahrung. Wird er jedoch frühzeitig, das heißt im Stadium des Eies, ausgestoßen, so bestehen mehrere Möglichkeiten, von denen aber – wie die Erfahrung zeigt – vor allem die beiden folgenden verwirklicht werden: Entweder plaziert die Mutter ihre Brut in einer für deren weitere Entwicklung günstigen Umwelt, oder sie stellt diese Umweltbedingungen weitgehend selbst her. Sowohl bei den Vögeln als auch bei den Insekten sind beide Arten der Brutfürsorge, die «passive» und die «aktive», anzutreffen. Unsere Zweifarbige Mauerbiene vertritt die «aktive» Variante. Stellen wir ihr Brutverhalten noch kurz dem eines «Aktivbrüters» aus der Vogelwelt gegenüber:
Wenn das Vogelei den Mutterleib verläßt, ist es – vereinfacht dargestellt – mit einem Bildungs- und einem Nahrungsdotter versehen und von einer Kalkschale umgeben. Von den Vögeln mit «aktiver» Brutfürsorge wird das Ei in ein speziell zubereitetes Nest gelegt und erbrütet. Dem Ei unserer Mauerbiene fehlen der Nahrungsdotter und die Kalkschale. An die Stelle des Nahrungsdotters tritt hier der Futterballen aus Blütenstaub und Nektar, und die fehlende Kalkschale wird durch das requirierte Schneckenhaus ersetzt. Eine Parallele zum Vogelnest dürfen wir wohl darin sehen, daß die Biene ihre «künstlich» beschalten Eier in eine Erdmulde bettet und mit Halmen zudeckt.

Umwelt wird zur Innenwelt

Der Vergleich führt uns zu folgender Erkenntnis: Was bei den Insekten, durch Instinkte vermittelt, noch vorwiegend in der Umwelt geschieht, das ist bei den Vögeln und Säugern weitgehend ins Innere des Mutterleibes verlagert worden. Umwelt hat sich im Laufe der Evolution in Innenwelt verwandelt, und an die Stelle instinktiven Verhaltens sind physiologische Prozesse getreten. Parallel zu diesen Metamorphosen haben sich die Lebewesen von den Fesseln der Umwelt befreit.
Am Grad ihrer «Verinnerlichung» und «Emanzipation» läßt sich also bei den rezenten Lebewesen die Stufe ablesen, die sie bei der stammesgeschichtlichen Entwicklung von niederen zu höheren Formen erreicht haben.

Die Pillenwespe

Wenige Kilometer nordwestlich von Basel, im Herzen der «Camargue alsacienne», liegt eine verlassene Kiesgrube. Auf engem Raum sind hier verschiedene Biotope vereint: der Tümpel, die Kiesbank und die Lehmwand. Ein jeder dieser Lebensräume hat seine spezifische Tierwelt. Hier einige Beispiele: Im Tümpel paaren sich die Lurche, auf der Kiesbank brütet der Flußregenpfeifer, in oder an der Lehmwand bauen einzeln lebende Bienen und Wespen ihre Brutkammern.

Artmerkmale

Diese Aufzählung soll keine Bestandsaufnahme, sondern der Rahmen zu einem Bilde sein, das ich vom Leben der Pillenwespe (Eumenes pedunculatus) entwerfen möchte. Eumenes pedunculatus gehört zu den einzeln lebenden Arten, die im Frühjahr und Sommer an der Lehmwand anzutreffen sind. Wie Wespe und Lehm zusammenhängen, das werden wir gleich erfahren.
Es ist Ende Juli. Heiß brennt die Sonne aus wolkenlosem Himmel. An der steilen Grubenwand herrscht ein fiebriges Kommen und Gehen. Insekten aller Art – Grabnister und Baunister – gestalten ihre Kinderwiegen in Lehm. Auch unsere Pillenwespe tanzt den fiebrigen Reigen mit, jeder Schritt gekonnt, jeder voller Rätsel, jeder voller Weisheit. Bevor wir auf Einzelheiten dieses großartigen Schauspieles eingehen, wollen wir die Darstellerin kurz betrachten: Das Weibchen der Pillenwespe – mit ihm werden wir uns hauptsächlich befassen – mißt knapp 15 Millimeter. Kennzeichnend ist sein langes, dünnes «Stielchen», das die kugelförmige Brust mit dem birnenförmig erweiterten Hinterleib verbindet. Seine gelb und schwarz gebänderte Tracht unterscheidet sich kaum vom Kleid anderer Wespen.

∧
Pillenwespe *(Eumenes pedunculatus)*
Größe: 10 – 15 mm.
Vorkommen: in warmen Gebieten mit spärlicher Vegetation; solitär lebend.
Besonderes: Die Pillenwespe gehört zu den *Lehm*wespen, dies deshalb, weil sie für ihre Nachkommen krugförmige Brutzellen aus durchspeicheltem Lehm erstellt. An die Decke der Brutpille heftet das Weibchen an dünnem Faden ein Ei. Anschließend trägt es als Nahrung für die künftige Larve rund ein halbes Dutzend Raupen ein, die es zuvor durch eine Giftinjektion gelähmt hat.

Ein Bruttopf aus Lehm

Für dieses schmalhüftige Weibchen ist jetzt die Zeit zur Eiablage gekommen. Zusammen mit den Eiern ist in ihm ein Verhalten herangereift, das wir kaum anders als mit «Brutfürsorge» oder noch besser mit «Brut*vor*sorge» bezeichnen können, wirft doch – wie wir gleich sehen werden – die künftige Mutterschaft ihre Schatten voraus. Hier ein paar Züge aus dem vorsorglichen Geschehen: Gegen 15 Uhr dieses heißen Julitages beginnt das Weibchen mit dem Bau einer Brutzelle. Als Bauplatz dienen ihm einige wenige, an überhängender Böschung durch den Regen freigespülte Graswurzeln. In ununterbrochenem Einsatz und in regelmäßigen Zeitabständen fliegt der kleine Baumeister ein Klümpchen Lehm nach dem anderen herbei, Lehm, den er am Fundort abgebissen, mit Speichel durchfeuchtet und dann zur Kugel geformt hat. Aus den langen Intervallen zu schließen, liegt der Fundort weit vom Bauplatz entfernt. Kaum ist die Wespe mit ihrem ersten Lehmkügelchen gelandet, hat sie es auch schon an der schwankenden Unterlage festgeklebt. Beim anschließenden Modellieren dreht sie sich langsam im Kreis und preßt mit ihren Kiefern das rasch erhärtende Gemisch gegen die eingebogenen, als Matrix dienenden Vorderbeine. In großen Schritten wächst der Bau. Mehr und mehr krümmt sich die konkave Schale zur Hohlkugel. Nach der sechsten Bauetappe ist schon der Ansatz zum kragenförmig aufgeworfenen Pilleneingang zu sehen. Ein weiteres Kügelchen Lehm, – und das Werk ist vollbracht.

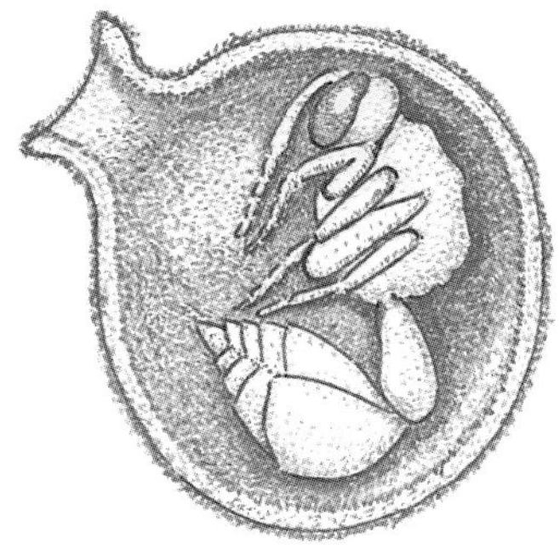

∧
Das Pillenwespen-Weibchen hat Ende Juli aus durchspeicheltem Lehm eine Brutpille erstellt, hat in die Pille ein Ei gelegt und den Nachwuchs mit einem halben Dutzend Spannerraupen verproviantiert.
Die aus dem Ei geschlüpfte Larve hat den Raupenvorrat verzehrt und sich bis zum April oder Mai des folgenden Jahres in das Vollinsekt verwandelt.

Die Eiablage

Nach menschlichem Ermessen wäre jetzt eine Ruhepause fällig. Weit gefehlt, ohne Unterbrechung setzt das Weibchen seine brutvorsorgliche Tätigkeit fort. Auf das Töpfern folgt die Eiablage. Noch ist der Pilleneingang naß, als sich die Wespe auf den höchsten Punkt der Kuppel setzt und die Spitze ihres Hinterleibes durch die enge Öffnung zwängt. Gut zwei Minuten lang verharrt das Weibchen regungslos in dieser Stellung. Was jetzt im Innern der Pille geschieht, das entzieht sich unseren Blicken. Das Resultat jedoch steht fest: Hoch im Deckengewölbe hängt an dünnem Faden ein winziges Ei. Um 16.15 Uhr ist der Legeakt beendet. Nun fliegt die Wespe auf und davon. Auch wir verlassen den Schauplatz. Für heute sind – von ein paar wenigen Kontrollbesuchen abgesehen – keine großen Ergebnisse mehr zu erwarten.

Spannerraupen als Larvenfutter

Am folgenden Tag haben wir um 9 Uhr den Beobachtungsposten wieder bezogen. Obwohl die Sonne schon hoch am Himmel steht, fehlt um diese Tageszeit von unserer Wespe noch jede Spur. Nur jetzt die Geduld nicht verlieren, denn nach der Literatur wird die Pille «kurz nach der Eiablage» mit Raupen angefüllt. Dieses großartige Geschehen dürfen wir uns nicht entgehen lassen.
Unendlich langsam rückt der Uhrzeiger gegen Mittag. Da, um 11.30 Uhr, erscheint die Langersehnte an ihrem Bau. In den Kiefern hält sie ein schlankes, blaßgrünes Räuplein, das sie zuvor durch eine Giftinjektion gelähmt hat. Rittlings steht das Weibchen über seiner Beute. Mit Hilfe der Kiefer schoppt es den langen «Wurm» Millimeter um Millimeter durch die kleine Pillenöffnung. Rund ein halbes Dutzend solcher Räuplein braucht die Eumeneslarve zu ihrer Entwicklung. Welch ein großer Einsatz wird da von der Mutter verlangt, – für einen Nachkommen, den sie noch nie gesehen hat, und den sie auch in Zukunft nie sehen wird!

< Goldwespe *(Chrysis sp.)*
Größe: 8 – 10 mm.
Vorkommen: in warmen, trockenen Gebieten.
Besonderes: Die Goldwespen sind Brutschmarotzer. Das abgebildete Exemplar nagt mit seinen Kiefern ein kleines Loch in die bereits verschlossene Brutpille der Pillenwespe, kehrt sich dann um, stülpt den Hinterleib teleskopartig aus und schiebt sein Kuckucksei ins fremde Nest. Die Goldwespenlarve wird (im Normalfall) zunächst die Wirtslarve und dann die eingetragenen Raupen verzehren.

Große Pillenwespe *(Eumenes unguiculatus)* >
Größe: bis 30 mm.
Vorkommen: im Süden Europas. An klimatisch günstigen Orten (Wärmeinseln) kommt diese Art aber auch nördlich der Alpen vor. Mehrmals habe ich sie gar in der Umgebung von Basel gefunden.
Besonderes: Während Eumenes pedunculatus als Larvenfutter relativ kleine Raupen einträgt, erbeutet E. unguiculatus – wie die Abbildung zeigt – gar die bis zu 70 mm lange Raupe des Blauen Ordensbandes. Die Wespe kann sich mit ihrer schweren Last kaum in die Luft erheben; halb fliegend, halb laufend schleppt sie die mächtige Beute zum Bau.

Eine Goldwespe als Brutschmarotzer

Zwischen dem Eintragen der ersten und zweiten Raupe verstreichen volle drei Stunden. Doch die lange Wartezeit wird durch einen bemerkenswerten Zwischenfall abgekürzt: Kaum ist die Pillenwespe nach einem ihrer obligaten Kontrollbesuche außer Sicht, schwirrt eine Goldwespe um den Fleischtopf. Einmal, zweimal landet der funkelnde Edelstein auf der verlockenden Kugel. So unvermittelt wie er auftaucht, verschwindet er auch wieder. Beim dritten Besuch bleibt er jedoch längere Zeit regungslos auf der Pille sitzen, als wollte er sich vergewissern, daß die Luft rein ist. Vorsichtig wie ein Dieb schleicht er dann zum Pilleneingang und legt im Nu sein Kuckucksei ins fremde Nest. Anstelle der Pillen- wird also eine Goldwespe den Raupenvorrat verzehren. – Nein, diesmal hat der Schmarotzer vermutlich die Rechnung ohne den Wirt gemacht: Schon bei der nächsten Inspektion entdeckt Eumenes das Danaergeschenk. Wie seinerzeit bei der Eiablage setzt sich das Weibchen auf die Kuppe des Baues und preßt seinen Hinterleib in die enge Öffnung. Pausenlos sticht es nach dem Fremdkörper. Der Ausdauer nach zu schließen, hat es gründliche Arbeit geleistet.

Sisyphosarbeit

Etwa eine Stunde nach diesem Zwischenfall, um 15.30 Uhr, schleppt die Pillenwespe ihre zweite Raupe herbei. In der Zeichnung gleichen sich die beiden Opfer, doch ist das zweite wesentlich größer und schwerer als das erste, so groß und schwer, daß sich die Wespe mit ihrer Last kaum von der Erde erheben kann. Noch schwieriger als der Transport erweist sich das Einschieben der Riesenraupe. Besäße die Wespe Vernunft, bestimmt würde sie das «aussichtslose» Unternehmen aufgeben. Aber der Instinkt läßt ihr keine andere Wahl, als mit der Sisyphosarbeit immer wieder von vorne anzufangen. Und siehe da, das scheinbar Unmögliche gelingt: Langsam aber sicher verschwindet der grüne Riese in der dunklen Gruft. Vier weitere Räuplein werden noch eingetragen und dann der Bau mit Lehm verschlossen. Im Verlauf von wenigen Tagen sorgt die kleine Töpferin auf die geschilderte Weise für rund ein halbes Dutzend Nachkommen vor.

Larve, Puppe und Vollinsekt

Bis zum Herbst ist die aus dem Ei hervorgehende Larve ausgewachsen. Im März des folgenden Jahres verpuppt sie sich, und Anfang April schlüpft das Vollinsekt. Seitdem die Brutpille erstellt worden ist, sind rund neun Monate mit unterschiedlichster Witterung verstrichen. Doch das Haus aus Lehm hat all die Hochs und Tiefs gut überstanden. So muß sich denn die Imago mit ihren Freßwerkzeugen durch die intakte Kammerwand hindurch einen Weg ans Licht bahnen.

Rätsel über Rätsel

Schon diese grobe Skizze wirft viele Fragen auf: Wer hat der Wespe das Töpfern beigebracht? Wer hat sie in Raupenkunde unterrichtet? Woher weiß die reine Vegetarierin, daß ihre Nachkommen während des Larvenstadiums Fleisch als Nahrung brauchen? Und wie läßt sich erklären, daß die künftigen Bedürfnisse der Kinder das gegenwärtige Verhalten der Mutter bestimmen? Läuft denn die Zeit rückwärts, von der Zukunft in die Gegenwart, von den Nach- zu den Vorfahren?

Instinkt?

Die übliche Antwort auf diese Fragen lautet: «Instinkt». Was sagen wir mit diesem Begriff eigentlich aus? Doch dies: Es gibt angeborene, arttypische Fähigkeiten, Fähigkeiten also, die das Individuum nicht erworben, sondern ererbt hat. Ererbt von wem? Von den Vorfahren. Aber auch diese Vorfahren haben ihre Fähigkeiten nicht erworben, sondern ererbt. Da nach dem Stand heutiger Erkenntnis zwar Fähigkeiten erworben, erworbene Fähigkeiten aber nicht vererbt werden können, bleibt der Ursprung der Instinkte völlig im Dunkeln, es sei denn, wir bekennen uns mit dem großen Philosophen Kant zu der Aussage: «In den Instinkten denkt Gott für die Tiere.» Als «Aufgeklärte» werden wir allerdings weit eher bereit sein, anstelle von «Gott» die «Natur» oder die «Art als Ganzes» für die Tiere denken zu lassen, was aber kein prinzipieller, sondern nur gradueller Unterschied ist.
So oder so, zeigen unsere Überlegungen deutlich, daß sich die Phänomene des Lebens mit den üblichen Begriffen nicht restlos fassen lassen. Hingegen trifft auf die Instinktlehre zu, was sich Goethe von der Wissenschaft ganz allgemein erhofft hat, nämlich, «daß sie das Staunen, wozu wir berufen sind, einigermaßen erleichtere».

Der Bienenwolf

Zwei Bienenwölfe – ein Buntkäfer und eine Grabwespe

Als «Bienenwolf» werden zwei grundverschiedene Insektenarten bezeichnet, ein Buntkäfer (Trichodes apiarius) und eine Grabwespe (Philanthus triangulum). So verschieden die beiden auch sind, stimmen sie doch in ihrer Vorliebe für die Honigbiene und deren Produkte überein, was im gemeinsamen Namen zum Ausdruck kommt. Wir wollen uns vor allem mit der Grabwespe befassen, zunächst aber doch einen flüchtigen Blick auf das Leben des Buntkäfers werfen:

Der Buntkäfer

Trichodes apiarius tummelt sich gern auf den weißen Blütentellern verschiedener Doldenblütler. Hier gibt es Nahrung im Überfluß, und die zahlreichen Nektarbrünnlein sind selbst für eine kurze Käferzunge noch gut zu erreichen. Das ausgewachsene Insekt ist aber kein reiner Vegetarier. Gierig stürzt es sich auf jedes Kleingetier, das, vom Nektar angelockt, in seine Nähe kommt. Trotz seiner geringen Größe (15 mm) ist der Käfer nicht zu übersehen, denn seine rot und schwarz gebänderten Flügeldecken bilden zu den weißen Blütendolden einen auffallenden Kontrast.
Der Name «Bienenwolf» bezieht sich nun allerdings nicht auf das Vollinsekt, sondern auf die Larve. Sie, die schmächtige Jugendform, dringt in verwahrloste Bienenstöcke ein und ernährt sich dort von der jungen Brut.

Die Grabwespe

Wechseln wir nun vom Buntkäfer zur Grabwespe. Philanthus triangulum liebt die Wärme. Zudem verlangt sein zum Teil unterirdisches Leben nach lockeren Böden. Man wird daher die gelb und schwarz gezeichnete, etwa honigbienengroße Wespe vor allem an heißen Hängen mit feinkörniger Erde antreffen.
Erstmals bin ich dem Bienenwolf in Südfrankreich, an der berühmten Côte d'Azur, begegnet. Später habe ich ihn auch viel weiter im Norden und in beträchtlicher Höhe über Meer angetroffen. Nahe bei meinem Wohnort, in der sonnendurchfluteten Rheinebene unterhalb Basels, bin ich gar noch auf eine zweite Art der gleichen Gattung, Philanthus coronatus, gestoßen. Während «triangulum» ausschließlich nach der Honigbiene jagt, stellt «coronatus» vorwiegend den Einsiedlerbienen nach. Mit dem Zehrer der Honigbiene, als der bei uns häufiger vorkommenden Art, wollen wir uns jetzt eingehend befassen.

Ein Ferienerlebnis als Initialzündung

Hier zunächst mein Erlebnis an der Côte d'Azur: Es ist Anfang September. Noch brennt die Sonne heiß aus wolkenlosem Himmel, und ein tiefblaues Meer lädt zum Bade ein. In einer stillen Bucht gebe ich mich ganz dem Eindruck dieser zauberhaften Landschaft hin. Doch meine Hingabe ist nicht von langer Dauer. Aus dem Blau des Himmels taucht unvermittelt ein gelb und schwarz gebänderter Störenfried auf. Im langsamen Senkrechtflug will das «Biest» ausgerechnet da landen, wo ich mich der Länge nach in den heißen Sand gelegt habe. All meine Abwehrversuche sind vergeblich. Immer wieder und am gleichen Ort setzt die Wespe zum Landen an. Schließlich wird mir die Sache zu bunt. Verärgert schnelle ich hoch, hebe die Hand zum vernichtenden Schlag und – erstarre. Denn was mich da aus dem Träumen aufgeschreckt hat, ist Philanthus triangulum, eine einzeln lebende Wespenart, die ich schon lange von den Büchern her kenne, der ich aber bisher trotz eifrigen Suchens in natura noch nie begegnet bin. Seine Beute, eine Honigbiene, verrät den «Bienenwolf» schon auf den ersten Blick. – Kaum habe ich dem gestörten Störenfried den Weg freigegeben, ist er auch schon mit seiner Fracht spurlos im Erdboden verschwunden. Aufmerksam geworden, entdecke ich an der schrägen Sandwand eine Bruthöhle nach der andern. Unterdessen hat sich die Sonne schon stark dem Horizont genähert. Mit sinkender Sonne erlischt das Leben in der kleinen Philanthus-Kolonie. Noch ein bis zwei Heimkehrer, dann werden sämtliche Höhlen von innen her mit Sand verschlossen.

^
Bienenwolf (Buntkäfer) *(Trichodes apiarius)*
Größe: 10 – 16 mm.
Vorkommen: in warmen Gebieten, meist auf Doldenblüten.
Besonderes: Die *Imago* des Bienenwolfes tummelt sich mit Vorliebe auf den Blütentellern verschiedener Doldenblütler. Die *Larve* dringt jedoch in verwahrloste Bienenstöcke ein und ernährt sich dort von der Brut.

^
Bienenwolf (Grabwespe) *(Philanthus triangulum)*
Größe: 12 – 18 mm.
Vorkommen: in warmen Gebieten mit lockeren (sandigen) Böden. Die Imago trifft man bei uns von Juli bis September.
Besonderes: Die Feldkennzeichen des ausgebildeten Bienenwolfes (rechts im Bild) sind der breite Kopf, die in der Mitte verdickten Fühler sowie die Dreieckszeichnung auf der dorsalen Seite des Hinterleibes. Wir sehen hier ein Bienenwolf-Weibchen zusammen mit einer Honigbiene beim Blütenbesuch.

Den Bienenwolf erkennt man am breiten Kopf

Dieses Ferienerlebnis hat mich dazu veranlaßt, dem Bienenwolf und seinem sonderbaren Verhalten auch weiterhin nachzuspüren. Was er mir in vielen Stunden geduldigen Beobachtens anvertraut hat, will ich nun in wenigen Worten zu schildern versuchen. Betrachten wir zunächst sein Erscheinungsbild: Den Bienenwolf erkennt man am breiten Kopf und an den kräftigen, in der Mitte verdickten Fühlern. Männchen und Weibchen unterscheiden sich durch ihre Stirnzeichnung. Beide tragen auf der schwarzen Stirn ein gelbes Krönchen, das beim Männchen drei, beim Weibchen zwei Zacken aufweist. Außerdem sind die Männchen deutlich kleiner und schlanker als die Weibchen. Beiden Geschlechtern ist die typische gelb und schwarz gebänderte Wespentracht eigen. Auf der Rükkenseite der gelben Hinterleibssegmente bilden die schwarzen Bänder meist ein stumpfwinkliges Dreieck, das mit seinem stumpfen Winkel nach hinten weist und das zum wissenschaftlichen Artnamen «triangulum» geführt hat.

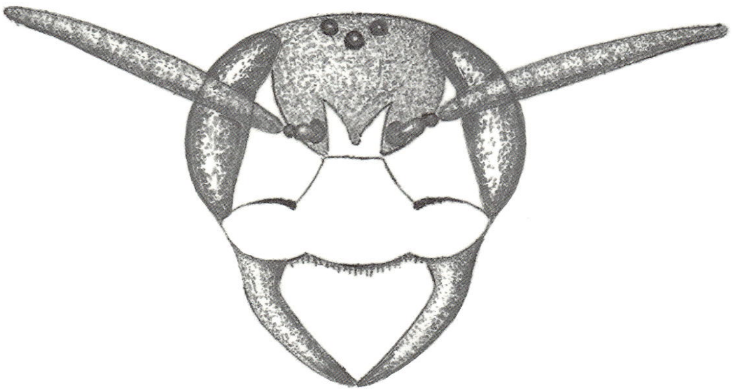

Λ
Porträt eines Bienenwolf-Weibchens:
Beim Bienenwolf bilden die schwarzen Binden auf der dorsalen Seite der gelben Hinterleibssegmente (meist) ein stumpfwinkliges Dreieck, das mit seinem stumpfen Winkel nach hinten weist und das zum wissenschaftlichen Artnamen «triangulum» geführt hat. Kennzeichnend für den Bienenwolf sind aber auch der breite Kopf und die kräftigen, in der Mitte verdickten Fühler. Beide Geschlechter tragen auf der schwarzen Stirn ein gelbes Krönchen, das beim Weibchen zwei, beim Männchen drei Zacken aufweist.

Vorzugstemperatur = 25° C

Wie schon angedeutet, liebt der Bienenwolf die Wärme. Seine Vorzugstemperatur liegt bei 25° C. An kühlen Tagen fliegt er kaum über größere Strecken. Allenfalls schwirrt er da rund um sein Nachtquartier oder läßt sich zu kurzem Sonnenbad flach auf dem Sand nieder. Je höher die Sonne am Himmel steigt, je mehr Wärme sie der Erde spendet, desto reger wird der Betrieb in der Wespen-Siedlung. Bald stehen alle Höhlen weit offen, und aus jeder starrt uns die gelb-schwarze Maske eines Bienenwolfes entgegen. Wie auf ein geheimes Kommando beginnt das Ausschwärmen. Steil steigen die wendigen Flieger auf, kurz kreisen sie über ihren Erdbauten und verschwinden dann meist in der gleichen Richtung.

Kampf mit der Honigbiene

Wir folgen den Wölfen und suchen jene Pflanzen auf, an deren Nektar sie ihren Hunger und Durst stillen. Hastig eilen die Wespen von Blüte zu Blüte. Hin und wieder fliegen sie gar hoch und stehen dann rüttelnd über dem Blütenmeer. Plötzlich stößt eine von ihnen wie ein Falke nieder, packt mit sicherem Griff eine nektarsuchende Honigbiene und wirbelt mit ihr engumschlungen über die Erde. Meist ist der Kampf in wenigen Sekunden entschieden. Durch einen Stich in die weiche Haut zwischen Vorder- und Mittelbrust spritzt die Wespe ihrem Opfer ein lähmendes Gift ein. Die verwundbare Stelle findet sie mit Hilfe von an den Stachelscheiden gut ausgebildeten Sinnesborsten. Sobald sich die Biene nicht mehr regt, beginnt der Wolf ihre Einstichstelle mit den Kiefern zu massieren und dadurch – so wird vermutet – das Gift im Körper zu verteilen.
Welche Eigenschaften (Reize) der Honigbiene sind es wohl, die beim Bienenwolf den Jagdtrieb auslösen? Es sind vor allem deren Größe und Duft. Beweis: Im Experiment werden bienengroße und mit Bienenduft imprägnierte Holzklötzchen regulär angegriffen und «abgestochen». Die diesbezüglichen Versuche lassen den Schluß zu, daß der Bienenwolf seine Beute auf große Distanz mit Hilfe der Augen, auf kleine Distanz mit Hilfe des Geruchsinnes ausmacht.

Er «sucht» nicht und «findet» doch

Rätsel über Rätsel: Ein Jäger findet seine Beute, obwohl er sie noch nie zuvor gesehen hat. Im strengen Sinne des Wortes «sucht» er also nicht und «findet» doch. Und was er «findet», ist – wie wir gleich sehen werden – nicht für ihn, sondern für seine noch ungeborenen Nachkommen bestimmt.

< Das Bienenwolf-Weibchen gräbt (meist) in steilen Sandwänden lange Stollen, die in mehreren Brutkammern enden. Seinen Nachwuchs verproviantiert es mit Honigbienen. Durch einen Stich in die weiche Haut zwischen Vorder- und Mittelbrust spritzt der Wolf seinem Opfer ein lähmendes Gift ein.

Sobald sich die Biene nicht mehr wehrt, macht sich der Wolf > über ihre «Höschen» her. Das Gemisch aus Blütenstaub und Nektar, diese hochwertige Nahrung, ist ihm eine stets willkommene Wegzehrung. Schließlich nimmt die Wespe den «lebenden Leichnam» auf und transportiert ihn fliegend zu ihrem Bau.

Honig als Wegzehrung / Honigbiene als Larvenfutter

Bevor der Jäger seine Beute in den Bau fliegt, preßt er ihr durch feste Umklammerung und Stauchung des Hinterleibes die Honigblase aus. Der an der Zunge austretende süße Tropfen und das Gemisch von Blütenstaub und Honig, das die Biene in ihren «Höschen» mit sich trägt, sind dem Wolf eine willkommene Wegzehrung. Gelegentlich wird die erbeutete Biene nur ihres Sammelgutes beraubt und dann achtlos liegen gelassen. In der Regel nimmt aber die Wespe den «lebenden Leichnam» auf und fliegt ihn zum Bau. Trotz seiner schweren Ladung ist der Bienenwolf noch erstaunlich gut flugfähig. Starker Wind kann ihn allerdings vom eingeschlagenen «Kurs» abtreiben, kann ihn gar zwingen, die Beute fallen zu lassen. Bei Windstille oder nur schwachem Wind kehrt er aber auf kürzestem Weg und meist ohne Zwischenlandung in seine Behausung zurück. Befindet sich das Nest (wie in unserem Fall) in einer Steilwand, so wird es nach dem Verlassen nicht verschlossen, und der Jäger kann dann seine Beute direkt, das heißt ohne sie am Eingang abzulegen, eintragen.

Ein einfacher Versuch

Der niederländische Verhaltensforscher Niko Tinbergen hat durch einen ebenso einfachen wie genialen Versuch das Orientierungsvermögen des Bienenwolfes erkundet: Um den Nesteingang seiner Versuchstiere herum hat er aus Kiefernzapfen einen Kreis von rund 20 cm Durchmesser gebildet, so, daß der Nesteingang ins Zentrum zu liegen kam. Nachdem sich die Wespen an die neue Umgebung ihres Baues gewöhnt hatten, ist der Zapfenkreis um etwa einen halben Meter verschoben worden. Resultat: Die Heimkehrer sind in der Mitte des verschobenen Zapfenrundes gelandet und haben dort (vergeblich) nach dem Nesteingang gesucht. Als Tinbergen in einem weiteren Schritt an der «richtigen» Stelle aus Kiefernzapfen ein Dreieck und gleichzeitig an der «falschen» Stelle aus Steinen einen Kreis formiert hat, sind die Tiere bei ihrer Heimkehr ins Zentrum des Steinkreises geflogen. Damit war erwiesen, daß sich die Bienenwölfe bei ihrer Landung am «Nest» nach der *Form des Kreises* und nicht etwa nach den *kreisbildenden Gegenständen* gerichtet haben. Mit anderen Worten: Tinbergens Versuche haben ergeben, daß Philanthus triangulum ein Form-Wahrnehmungsvermögen besitzt und sich nach der Struktur des ihn umgebenden, ihm zugehörigen Geländes orientiert.

Wohl ist das geschilderte Experiment einfach, doch läßt es sich nur dort durchführen, wo der Bienenwolf seine Baue in Böden mit mehr oder weniger *waagrechter* Oberfläche anlegt, was offensichtlich auf Tinbergens (in der niederländischen Kiefernheide nistenden) Versuchstiere zutrifft. Oft gräbt der Bienenwolf seine Wohn- und Brutröhren aber auch in die *senkrecht* abfallenden, sandhaltigen Wände von Flußufern, Wegborden oder stillgelegten Kiesgruben, so daß die «Geländemarken» nicht in der erforderlichen Weise zu einprägsamen Figuren um den Nesteingang herum angeordnet werden können. Diese Steilwandbewohner sollen uns aber nicht davon abhalten, weiterhin dem Orientierungsvermögen sowie den vielen anderen besonderen Eigenschaften des hochspezialisierten Insektes nachzuspüren. Doch kehren wir jetzt von der niederländischen Kiefernheide in die elsässische Rheinebene zurück, zurück zu unserem Bienenwolf-Weibchen, das mit der erbeuteten Honigbiene in seiner Brutröhre verschwunden ist.

Das Geschlecht wird (vermutlich) durch die Lebensumstände bestimmt

Der bis zu 1 Meter lange Stollen verzweigt sich in mehrere Seitengänge mit insgesamt 30 oder gar noch mehr Brutkammern. In jede dieser Kammern werden zwei bis sechs gelähmte Bienen eingetragen und an das jeweils zuletzt deponierte Exemplar ein Ei geheftet. – Vermutlich ist im Ei des Bienenwolfes das Geschlecht noch nicht festgelegt, sondern wird erst durch äußere Umstände, vor allem durch die der Larve zur Verfügung stehende Futtermenge, bestimmt. Tatsache ist jedenfalls, daß die Brutkammern einen verschieden großen Nahrungsvorrat enthalten (zwei bis vier beziehungsweise drei bis sechs Bienen). Tatsache ist auch, daß sich die mit wenig Nahrung versorgten Larven zu Männchen, die mit viel Nahrung versorgten Larven zu Weibchen entwickeln. Meine Vermutung stützt sich auf ein Gesetz, das zwar nicht am Bienenwolf entdeckt worden ist, das aber – wie mir scheint – in hohem Maße auf ihn zutrifft. Es lautet: «Das Geschlecht der vielzelligen Tiere ist entweder schon im Ei durch bestimmte Chromosomen (Heterochromosomen) festgelegt, oder wird erst durch äußere Faktoren bestimmt. Im allgemeinen wird hierbei durch günstige Lebensumstände (reichliche Ernährung) das Entstehen von Weibchen, durch ungünstige Lebensumstände (Hunger, Kälte) das Entstehen von Männchen gefördert» (Otto Julius Hartmann).

Larve, Puppe und Imago

Drei Tage nach der Eiablage schlüpfen die Larven. Schon nach knapp einer Woche sind die bleichen, stark segmentierten «Würmchen» ausgewachsen und spinnen dann aus hellbrauner Seide einen flaschenförmigen Kokon. Jetzt steht die Entwicklung aber während vieler Monate still. Erst im nächsten Frühsommer verpuppen sich die Larven, und erst Mitte bis Ende Juni schlüpfen die ausgebildeten Bienenwölfe. Die Männchen erscheinen etwa 14 Tage früher als die Weibchen.

Des einen Zehrer ist des andern Nährer

Das Leben eines ausgewachsenen Bienenwolf-Weibchens dauert vier bis fünf Monate. In dieser Zeitspanne baut es ein bis zwei Nester mit – wie schon oben ausgeführt – bis zu je 30 Brutzellen. All diese Zellen werden mit zwei bis sechs Bienen bestückt. Es sind schon Nester ausgegraben worden, die über 100 Bienen enthalten haben. Da ein gesundes Bienenvolk etwa 50.000 Individuen zählt, kann es normalerweise einen Tribut an den Bienenwolf gut verkraften. Gefährlich wird der Räuber erst dann, wenn er überhand nimmt. Die Literatur berichtet von einer Bienenwolfplage in Thüringen. Im Tal der Werra hatten ausgedehnte Halden von Braunkohlenasche die Massenvermehrung des Bienenwolfes begünstigt. Auf einer Fläche von 1,5 Hektar sind rund 600.000 Wespenlarven ermittelt worden, was einem Verlust von ungefähr 2.500.000 Honigbienen entspricht. Nur an wenigen Orten sind jedoch Klima und Bodenbeschaffenheit so günstig, daß es zu Populationen von derart großem Ausmaß kommen kann. Zudem gilt auch für den Bienenwolf: Des einen Zehrer ist des andern Nährer. Zahlreiche Feinde sorgen dafür, daß auch hier «die Bäume nicht in den Himmel wachsen». Unter den «Reduzenten» sind besonders zu erwähnen: die Raupenfliegen, die Goldwespen und die Krabbenspinnen. – Die kaum 5 mm langen, silbergrauen Raupenfliegen lauern inmitten der Philanthus-Kolonie. Sobald ein bienenbeladener Wolf am Horizont auftaucht, folgt ihm einer der winzigen Zweiflügler wie am Schnürchen. Wohin sich die Wespe auch wenden mag, bleibt ihr der Trabant dicht auf den Fersen. Schon während des Fluges versucht er, sein Ei an der gelähmten Biene abzulegen. Gelingt ihm dies nicht, so wagt er sich gar in die Höhle des Wolfes hinein. Die kurz nach der Eiablage schlüpfende Fliegenlarve verzehrt einen Teil der eingetragenen Bienen, meist so viele, daß die Wespenlarve verhungern muß. – Auch die buntschillernden Goldwespen sind Brutschmarotzer. Ihr Nachwuchs ernährt sich aber nicht von den eingetragenen Bienen, sondern von der durch die einverleibten Bienen fett gewordenen Philanthus-Larve. – Bleiben noch die Krabbenspinnen kurz vorzustellen. Diese in den Blüten auf Insekten lauernden Achtbeiner haben es zwar nicht speziell auf den Bienenwolf abgesehen, doch ist er ihnen eine stets willkommene Beute. Bekanntlich verzehren ja die gut getarnten Ansitzjäger alles, was sie nicht verzehrt.

Der «wissende Leib»

Wenn sich der Bienenwolf auf die Biene stürzt, wenn er sie an ganz bestimmter Stelle sticht und dann als Nahrung für die künftige Brut in seinen Bau trägt, so macht das den Anschein einer bewußten Handlung. Weiß der Wolf wirklich, was er da tut? Nein, er weiß es nicht! Denn Wissen setzt ein überschauendes Denken voraus, setzt auch voraus, daß sich der Täter von seiner Tat distanzieren kann. Beide Voraussetzungen sind jedoch beim Bienenwolf nicht gegeben. Er *weiß* also nicht, aber «Wissen» hat seinen Leib gestaltet. Durch den «wissenden Leib» ist dem Bienenwolf in der Lebensgemeinschaft «Heide» ein fester Platz und eine bestimmte Funktion zugewiesen. Sein Platz liegt – wie wir gesehen haben – zwischen Honigbiene und Raupenfliege; seine Funktion besteht im Zehren des einen und im Nähren des andern. Analoges gilt für alle Angehörigen einer Biozönose; alle sind durch ihre spezifische Leibesorganisation zum Zehrer des einen und zum Nährer des andern bestimmt.

Der Teil und das Ganze

Die strenge Ausrichtung des einzelnen Lebewesens auf die betreffende Lebensgemeinschaft zeigt uns, daß das Ganze dem Teil übergeordnet ist. Das «Stirb und Werde» des Individuums geschieht also primär nicht um seiner selbst willen, sondern trägt vorrangig zum Lebens- und Stoffkreislauf der Biozönose bei!
Wie trifft doch Goethe ins Schwarze, wenn er von der Natur sagt: «Sie scheint alles auf Individualität angelegt zu haben und macht sich nichts aus den Individuen. Sie baut immer und zerstört immer ...». Doch «... nichts ist der Natur gemäßer, als daß sie das, was sie im Ganzen intentioniert, durch das Einzelnste in Wirksamkeit setzt.»

Tips für die Beobachtung

*«Der Welt Schlüssel heißt Demut.
Ohne ihn ist alles Klopfen,
Horchen, Spähen umsonst.»*

Diese Lebensweisheit Christian Morgensterns gilt auch für den Naturfreund. Nur wenn er sich geduldig und aufmerksam mit Pflanze und Tier befaßt, nur wenn er sich ihnen uneigennützig naht, werden sie ihm nach und nach ihr Geheimnis anvertrauen.

Die Natur ist heute durch den Menschen in ihrer Existenz bedroht. Tagtäglich erreicht uns die Nachricht vom Rückgang oder gar Aussterben weiterer Pflanzen- und Tierarten. Es ist deshalb selbstverständlich, daß sich der Naturfreund im Gelände vorsichtig verhält und seine ohnehin schon stark gefährdeten «Freunde» nicht noch zusätzlich schädigt.

Zu einem naturkundlichen Streifzug gehört eine gründliche Vorbereitung, denn ein «Streifzug auf's Geratewohl» wird selten zu fruchtbaren Begegnungen führen. Es gilt also, sich zunächst durch Fachkundige oder entsprechende Literatur über den zum Besuch vorgesehenen Lebensraum und seine Bewohner zu informieren. Meine den Abbildungen beigefügten Daten möchten mithelfen, den Weg zu einer fruchtbaren Begegnung mit Flora und Fauna zu bahnen.

In jeder größeren Stadt gibt es Vereine von Menschen, die sich mit speziellen Belangen der Natur befassen (Vereine für Pilzkunde, Insektenkunde, Vogelkunde etc.) und deren Mitglieder in der Regel ihr Wissen gerne an ernsthaft interessierte Neulinge weitergeben. Ich selbst habe von solchen Menschen viel lernen dürfen.

Zu einem naturkundlichen Streifzug gehört auch eine taugliche Ausrüstung: eine robuste, dem betreffenden Biotop und der herrschenden Witterung angepaßte Bekleidung, ein Notizbuch und (wenn möglich) ein Fernglas. – Im Notizbuch tragen wir jeweils den Ort, das Datum und die Tageszeit unserer Beobachtung sowie den Namen des betreffenden Lebewesens und seine Beziehung zur Umwelt ein (Beispiel: Reinacher Heide, 25. 5. 1988, 11 Uhr, Schwalbenschwanz bei der Eiablage an Wilder Möhre). Bei konsequenter Buchführung erhalten wir mit der Zeit ein Inventar der in einem bestimmten Gebiet vorkommenden Lebewesen und einen Einblick in deren wechselseitige Beziehungen. Regelmäßige, jahrelange Aufzeichnungen ergeben auch einen wertvollen Beobachtungskalender. Durch Skizzen läßt sich das Geschriebene in idealer Weise ergänzen. – Ein Fernglas ist insofern wünschenswert, als es uns ermöglicht, scheue Tiere aus so großer Distanz zu beobachten, daß wir ihr natürliches Verhalten nicht beeinträchtigen.

*«Alle wollen zurück zur Natur, –
nur nicht zu Fuß.»*

Der Naturfreund – einmal im Beobachtungsgebiet angelangt – geht zu Fuß, ja, er geht bewußt langsam zu Fuß. Hin und wieder unterbricht er gar seinen Gang, setzt sich nieder und gibt sich nun ganz den Eindrücken seiner Umgebung hin. Durch ein solches Verhalten wird er mit der Zeit erfahren: Die Natur «hat keine Sprache noch Rede; aber sie schafft Zungen und Herzen, durch die sie fühlt und spricht» (Goethe).

«Morgenstund hat Gold im Mund.»

Für viele Beobachtungen eignen sich die frühen Morgenstunden am besten. So können wir beispielsweise bei Sonnenaufgang im Frühjahr das großartige Morgenkonzert der Singvögel erleben. Auch den noch kältestarren Schmetterlingen kommen wir jetzt recht nahe und können beobach-

ten, wie sie mit steigender Sonne die Flügel ausbreiten, unserem Tagesgestirn die «Breitseite» zukehren und sich von ihm das Lebensfeuer entfachen lassen.
Meist herrscht am frühen Morgen Frieden in Feld und Wald. Noch sind die Störfaktoren unserer Zivilisation minimal; noch können wir die Botschaften von Flora und Fauna nahezu rein empfangen und in Ruhe auf uns wirken lassen. In der Stille des frühen Morgens ist uns die äußere Voraussetzung für eine innere Sammlung, für die Konzentration aufs Phänomen, gegeben. Sofern wir eine solche innige Zuwendung anstreben und sie uns gelingt, sollten wir versuchen, das am Phänomen Erlebte in Worte zu fassen, nicht um festzulegen, sondern um Schritt für Schritt beziehungsweise Wort für Wort zum Fürsprecher und Beistand der Natur zu werden, die – wie Goethe sagt – selbst «keine Sprache noch Rede hat», sich jedoch in den wirklichen Naturliebhabern «Münder und Herzen schafft, durch die sie fühlt und spricht.» – Ja, «Morgenstund hat Gold im Mund.»

«Vor lauter Bäumen den Wald nicht sehen»

Zu Beginn unserer naturkundlichen Tätigkeit sind wir mit dem Kennenlernen der «Bäume» so stark beschäftigt, daß wir tatsächlich «vor lauter Bäumen den Wald nicht sehen». Sobald wir aber die nötige Artenkenntnis erworben haben, zeigen sich uns die «Bäume» auch in ihrem Zusammenhang, zeigt sich uns der «Wald». Bei der Erforschung des «Waldes», das heißt der Natur als Lebensgemeinschaft, sind die Biologen in hohem Maße auf das Mitwirken engagierter Laien angewiesen. Hier steht also für jeden von uns ein großes und dankbares Betätigungsfeld offen. Dankbar ist ein solches Tun vor allem deshalb, weil es dazu beiträgt, solide Grundlagen für den heute so notwendigen Naturschutz zu schaffen.
In diesem Sinne: Viel Freude und guten Erfolg beim Ergründen der «offenbaren Geheimnisse» unserer geliebten Natur!

Beobachtungskalender

Pflanzen- oder Tierart	Wichtigster Lebensraum	Besonderheiten	Beobachtung von	im Monat
Bienenfresser	Mittelmeergebiet	Nahrung (Bienen, Wespen etc.)	Brutzeit	5 – 6
Bienenwolf (Buntkäfer)	Wiesen kollin-montan	Larve frißt Bienenbrut	Flugzeit	Sommer
Bienenwolf (Grabwespe)	Gebiet m.Blumen und lockerem Boden, kollin-montan	Larvenfutter = Honigbiene	Flugzeit	7 – 9
Blattschneiderbiene, Gemeine	offenes Gelände, kollin-montan	Brutfürsorge	Flugzeit	6 – 9
Frauenschuh	Bergwälder, kollin-montan	Blütenbiologie	Blühzeit	5 – 6
Gabelschwanz, Großer	Auen, Wiesen, kollin-montan	Drohverhalten der Raupe	Flugzeit	5 – 7
Goldwespe	offenes Gelände, kollin-subalpin	Brutparasitismus	Flugzeit	4 – 9
Gottesanbeterin	offenes Gelände (Wärmeinseln) kollin-montan	Beuteerwerb, Schreckstellung bei Gefahr	Fortpflanzung	Sommer und Herbst
Hornisse	Laubmischwald kollin-montan	Staatenbildung	Flugzeit	Herbst
Hornissenschwärmer	Auenwald kollin	«Hornissennachahmer»	Flugzeit	5 – 7
Knabenkraut, Kleines	Magerwiesen kollin-montan	Blütenbau	Blühzeit	4 – 6
Mauerbiene, Zweifarbige	Heide, Trockenhang / kollin	Brutfürsorge	Flugzeit	4 – 6

Pflanzen- oder Tierart	Wichtigster Lebensraum	Besonderheiten	Beobachtung von	im Monat
Nachtpfauenauge, Großes	Mittelmeergebiet	Orientierungsvermögen der Männchen	Flugzeit	4 – 5
Nachtpfauenauge, Kleines	Wald, Heide kollin-montan	Reusenkokon	Flugzeit	5 – 6
Pillenwespe, Gemeine	offenes Gelände, kollin-montan	Brutfürsorge	Flugzeit	4 – 9
Pillenwespe, Große	offenes Gelände, kollin	Brutfürsorge	Flugzeit	4 – 9
Ragwurz, Bienen-	Magerwiese, kollin-montan	Selbstbefruchtung	Blühzeit	6
Ragwurz, Fliegen-	Magerwiese	Bestäubung durch Grabwespen-Männchen	Blühzeit	5
Ragwurz, Hummel-	Magerwiese, kollin	Blütenbau	Blühzeit	5 – 6
Sandlaufkäfer, Feld-	sandige Wege, kollin-subalpin	Nahrungserwerb der Larve	Flugzeit	4 – 8
Tagpfauenauge	Waldrand (Orte m. Brennessel) kollin-subalpin	Metamorphose	Flugzeit nach Überwinterung	ab 7 bis 5
Tigerspinne	offenes Gelände, kollin-montan	Brutfürsorge	Fortpflanzung	Spätsommer
Weinbergschnecke	Wald, Hecke, kollin-subalpin	«Liebesspiel»	Fortpflanzung	5 – 6
Wiesensalbei	Wiese, Rain, kollin-montan	Blütenbiologie	Blühzeit	5 – 8
Zweiblatt, Großes	Magerwiese, Wald kollin-subalpin	Blütenbiologie	Blühzeit	5 – 7

Naturphotographie

Zu den eindrücklichsten Erlebnissen auf Wiese, Feld und Heide gehört die Brutfürsorge der Insekten, gehört auch ihre Lebensgemeinschaft mit den Blütenpflanzen.
Diese Ereignisse und Begegnungen finden in der entsprechenden Jahreszeit sozusagen tagtäglich und in unserer unmittelbaren Umgebung statt. Sie sind daher geradezu als «Biologie für jedermann» prädestiniert. Ihre Erforschung verlangt weder ein Hochschulstudium noch teure Instrumente. Doch ihr Geheimnis werden sie nur dem anvertrauen, der ihnen mit Interesse und ohne Vorurteile begegnet.
Bevor wir den Sechsbeinern und ihren Verbündeten mit der Kamera auf den Leib rücken, sollten wir sie also gründlich kennenlernen. Denn nur wenn wir mit ihnen vertraut sind, werden wir ihre Eigenheiten erfassen und auf den Film bannen können.
Die ernsthafte Naturphotographie erfordert eine geeignete Ausrüstung. Aus meiner langjährigen Erfahrung kann ich für diesen Zweck empfehlen:

Kamera und Winder

Einäugige *Spiegelreflexkamera* im Kleinbildformat mit auswechselbaren Objektiven. Eine automatische Kamera und ein eingebauter oder anschließbarer *Winder* erhöhen die Aufnahmebereitschaft beträchtlich.

Objektive

Makroobjektive (mit zugehörigem Zwischenring) sind für das Photographieren im Nahbereich besonders gut geeignet. Ihr Leistungsmaximum liegt bei einem Abbildungsmaßstab von 1 : 10 bis 1 : 1. Wir haben die Wahl zwischen Objektiven mit 50 mm und 100 mm Brennweite. Das kurzbrennweitige ist handlich und leicht, zwingt uns aber, um den gleichen Abbildungsmaßstab zu erreichen, doppelt so nahe ans Objekt heranzugehen wie mit dem langbrennweitigen, was beim Photographieren scheuer Tiere von Nachteil sein kann.
Ein *Zoom* mit einem Brennweitenbereich von *35 – 70 mm* ist *das* Objektiv für die Landschaftsaufnahme. Mit ihm läßt sich von einem gegebenen Standort aus (meist) der gewünschte Bildausschnitt erzielen.
Ein *Zoom* mit einem Brennweitenbereich von *80 – 200 mm* ermöglicht, scheue Tiere aus der erforderlichen Distanz in der wirksamen Größe abzubilden.

Elektronenblitz

Mit dem Elektronenblitz lassen sich auch schnelle Bewegungen «einfrieren». Für das Photographieren kleiner Tiere in großer Aktion ist dieses Hilfsmittel geradezu unentbehrlich. – Bei Kameras mit der heute üblichen Blitzlichtmessung durch das Objektiv (TTL-Messung) entfallen die bei Nahaufnahmen sonst erforderlichen Berechnungen des Belichtungs-Verlängerungsfaktors.

Film

Den geeignetsten Film zu empfehlen, ist mir nicht möglich, denn hier gehen die Ansichten weit auseinander. Ich verwende für die Naturphotographie ausschließlich den Dia-Farbfilm. Filme mit einer Empfindlichkeit von 21 DIN (100 ASA) sind genügend «schnell» und haben ein ausreichendes Auflösungsvermögen.

Stativ und Fernauslöser

Stative geben der Kamera zwar einen festen Stand, schränken aber auch unsere Bewegungsfreiheit und Aufnahmebereitschaft stark ein. Ausnahmsweise sind wir allerdings gezwungen, ein Stativ einzusetzen, nämlich dann, wenn wir die Kamera aus Distanz bedienen müssen, weil sich das betreffende Tier in Anwesenheit des Menschen nicht an seinen Bau oder seine Futterpflanze wagt. Solche Situationen erfordern auch einen *Fernauslöser*. Meist genügt ein pneumatischer Fernauslöser, wie er im Handel erhältlich ist.

Aus diesen Utensilien – bei deren Auswahl die Tauglichkeit und das Gewicht maßgebend waren – besteht also meine Normalausrüstung. Mit ihr lassen sich schon recht viele Motive «einfangen»; mit ihr läßt sich noch relativ unbeschwert wandern.

Der Naturphotograph und die Natur

Jetzt aber hinaus auf Wiese und Feld. An «photogenen» Objekten wird es uns in diesen Lebensräumen bestimmt nicht fehlen. Bald werden uns auch ein paar befriedigende Bilder gelingen. – Nach den ersten Erfolgen besteht die Gefahr, daß das Photographieren uns beherrscht anstatt umgekehrt. Lassen wir deshalb bei unserem Tun nicht den Ehrgeiz, sondern die Vernunft walten. Geben wir unserem Steckenpferd nicht die Sporen, halten wir es vielmehr am Zügel, damit es nicht mit uns durchbrennt und wir die ohnehin schon stark gefährdete Umwelt nicht noch zusätzlich schädigen.
Grundsätzlich gilt: Naturschutz kommt *vor* Naturphotographie! Es ist daher selbstverständlich, daß der wirkliche Naturphotograph allfällige Schutzbestimmungen streng beachtet. Aber auch ohne besondere Vorschriften geht er mit seinen Objekten sorgsam um:

– In *Landschafts*-Schutzgebieten verläßt er die Wege nicht.

– Beim Photographieren von *Pflanzen* achtet er darauf, daß deren Umfeld möglichst wenig beschädigt (zertreten) wird.

– Den *Tieren* rückt er mit seiner Kamera nur so nahe auf den Leib, daß sie in ihrem natürlichen Verhalten nicht beeinträchtigt werden. Vor allem stört er die sensiblen Vogel- und Säugerarten nicht bei der Aufzucht der Jungen. (Viele Vögel verlassen ihr Nest, wenn dessen Umgebung verändert wird. Die Fuchs-Fähe zieht mit ihren Welpen in eine «Notwohnung» um, wenn wir den Hauptbau zu lange belagern. Die Reh-Geiß meidet ihr Kitz, wenn wir es mit bloßer Hand berühren und es die Witterung des Menschen an sich trägt.)
Richten wir unser Tun nach ethischen Grundsätzen, so helfen wir mit, allfällige Bedenken gegenüber dem Steckenpferd «Naturphotographie» zu zerstreuen. Durch gute Bilder helfen wir gar mit, in weiten Kreisen das Umweltbewußtsein zu fördern, die Liebe zur Natur zu wekken und so das Fundament für einen soliden Naturschutz zu legen.

Literatur

Biologie

Barth, Friedrich G.: Biologie einer Begegnung. Deutsche Verlags-Anstalt, Stuttgart, 1982.

Böhme, Jakob: zitiert nach Bertsch, Karl: Die Wiese. Otto Maier Verlag, Ravensburg, 1947.

Brehms Tierleben (4 Bde). Bibliographisches Institut, Leipzig, 1941.

Bruns, Herbert: Warn- und Tarntrachten im Tierreich. Franckh'sche Verlagshandlung, Stuttgart, 1952.

de Wit, H. C. C. + Boedijn, K. B.: Knaurs Pflanzenreich in Farbe (3 Bde). Droemer/Knaur, München/Zürich, 1964 – 1967.

Fabre, J.-H.: Das Offenbare Geheimnis. Artemis, Zürich, 1961.

Francé, R. H.: Die Welt der Pflanzen. Südwest-Verlag, München, 1962.

Goethe, Johann Wolfgang: Metamorphose der Pflanzen. Freies Geistesleben, Stuttgart, 1960.

– Natur. Droemer/Knaur, München/Zürich, 1962.

– Werke in 2 Dünndruckbänden. Droemer/Knaur, München/Zürich, 1953.

Grohmann, Gerbert: Die Pflanze (2 Bde). Freies Geistesleben, Stuttgart, 1959.

Hartmann, Otto J.: Vom Sinn der Weltentwicklung. Vittorio Klostermann, Frankfurt/M., 1971.

Heitler, Walter: Der Mensch und die naturwissenschaftliche Erkenntnis. Friedrich Viehweg + Sohn, Braunschweig, 1966.

– Naturphilosophische Streifzüge. Friedrich Viehweg + Sohn, Braunschweig, 1970

Hemleben, Johannes: Haeckel. Rowohlt Taschenbuch, Reinbek b. Hamburg, 1964.

– Darwin. Rowohlt Taschenbuch, Reinbek b. Hamburg, 1968.

Illies, Joachim: Anthropologie des Tieres. Deutscher Taschenbuch Verlag, München, 1977.

– Das Geheimnis des Lebendigen. Kindler, München, 1976.

– Der Jahrhundertirrtum. Umschau, Frankfurt/M., 1983.

Jacobs, W. + Renner, M.: Taschenlexikon zur Biologie der Insekten. Gustav Fischer, Stuttgart, 1974.

Julius, Frits H.: Grundlagen einer phänomenologischen Chemie, Teil II. Verlag Freies Geistesleben, Stuttgart, 1965.

Nachtwey, Robert: Instinkt, Rätsel der Welt. Eberhard Brockhaus, Wiesbaden, 1950.

Poppelbaum, Hermann: Tier-Wesenskunde. Philosophisch-Anthroposophischer Verlag, Dornach, 1954.

Portmann, Adolf: Die Tiergestalt. Friedrich Reinhardt, Basel, 1960.

– Tarnung im Tierreich. Springer, Berlin/Göttingen/Heidelberg, 1956.

Stäger, Robert: Betrachtet die Lilien des Feldes. Rex, Luzern, 1946.

Storl, Wolf-Dieter: Der Garten als Mikrokosmos. Hermann Bauer, Freiburg/Br., 1982.

Suchantke, Andreas: Metamorphosen im Insektenreich. Freies Geistesleben, Stuttgart, 1965.

Urania Tierreich (6 Bde). Urania, Leipzig/Jena/Berlin, 1967 - 1969.

von Frisch, Karl: Aus dem Leben der Bienen. Springer, Berlin/Göttingen/Heidelberg, 1953.

– Biologie. Bayerischer Schulbuch-Verlag, München, 1967.

von Uexküll, Jakob + Kriszat, Georg: Streifzüge durch die Umwelt von Tieren und Menschen. S. Fischer, Frankfurt/M., 1970.

Wohlbold, Hans: Das Wunder des Instinktes. Quelle + Meyer, Leipzig, 1941.

Bestimmungsbücher

Binz/Becherer: Schul- und Exkursionsflora für die Schweiz. Schwabe, Basel, 1976.

Fitter, R. + Fitter, A. + Blamey, M.: Pareys Blumenbuch. Paul Parey, Hamburg/Berlin, 1975.

Higgins, L. G. + Riley, N. D.: Die Tagfalter Europas und Nordwestafrikas. Paul Parey, Hamburg/Berlin, 1978.

Peterson, R. + Mountfort, G. + Hollom, P. A. D.: Die Vögel Europas. Paul Parey, Hamburg/Berlin, 1961.

Sauer, Frieder + Wunderlich, Jörg: Die schönsten Spinnen Europas. Fauna, Karlsfeld, 1982.

– Heimische Nachtfalter. Fauna, Karlsfeld, 1984.

Thommen, Eduard: Taschenatlas der Schweizer Flora. Birkhäuser, Basel/Stuttgart, 1973.

Erklärung der Fachausdrücke

Analogie = Entsprechung, Ähnlichkeit
Anatomie = Wissenschaftsgebiet, auf dem man sich mit Form und Körperbau der Lebewesen befaßt
Anthere = Staubbeutel der Blütenpflanzen
Anus = After
Biotop = Lebensraum bestimmter Pflanzen oder Tiere
Biozönose = Gesellschaft von Pflanzen und Tieren in einem bestimmten Lebensraum
Chromosomen = in jedem Zellkern in artspezifischer Anzahl und Gestalt vorhandene, das Erbgut eines Lebewesens tragende, fadenförmige Gebilde
Diastole = Ausdehnung, Erweiterung
Emanzipation = Befreiung aus einem Zustand der Abhängigkeit, Verselbständigung
Embryo = in der Keimesentwicklung befindlicher Organismus
Evolution = allmählich fortschreitende Entwicklung von niederen zu höheren Formen (sowohl beim stammesgeschichtlichen als auch beim individuellen Werdegang)
Fauna = Tierwelt eines bestimmten Gebietes
Genitale = das männliche oder weibliche Geschlechtsorgan
Geschlechtsdimorphismus = Zweigestaltigkeit der Geschlechter
Hormon = körpereigener, von den Drüsen mit innerer Sekretion gebildeter und ins Blut abgegebener Wirkstoff
Imago = ausgebildetes, geschlechtsreifes Insekt
Instinkt = angeborener und erblich festgelegter Trieb oder Reflex
Kambium = teilungsfähiges Gewebe zwischen Holz und Rinde der nacktsamigen und zweikeimblättrigen Pflanzen
Kannibalismus = das gegenseitige Auffressen von Artgenossen
Kopulation = Verbindung der Geschlechter, Verschmelzung der Geschlechtszellen
Metamorphose = Gestaltwandel bei der Entwicklung von Pflanze und Tier
Mobilität = Beweglichkeit
Mollusken = Weichtiere
Morphe = Gestalt, Form, Aussehen
Ökologie = Wissenschaft von den Beziehungen der Lebewesen zu ihrer Umwelt
Parasit = Lebewesen, das auf Kosten eines anderen lebt (Schmarotzer aus dem Pflanzen- und Tierreich)
Penis = männliches Glied
physiologisch = die (normalen) Lebensvorgänge im Organismus betreffend
Polarität = Gegensätzlichkeit bei wesenhafter Zusammengehörigkeit
Pollen = Blütenstaub, der in den Staubbeuteln der Blütenpflanzen gebildet wird
Pollinium = zu einem Paket zusammengeballter Blütenstaub
rezent = gegenwärtig lebend
Segment = Abschnitt oder Teilstück (in bezug auf ein Ganzes)
Selektion = Auslese des Lebenstüchtigsten (durch den Kampf ums Dasein)
Sensibilität = Empfindungsfähigkeit
Spezies = bestimmte Art einer Gattung
Spreite = eigentliche Blattfläche
Stigma = äußere Öffnung der Tracheen
Symbiont = Pflanzen oder Tiere, die mit anderen zusammen leben
Symbiose = Zusammenleben von Lebewesen verschiedener Art zu gegenseitigem Nutzen
Systole = Zusammenziehung, Kürzung
Trabant = Begleiter, der einem bestimmten Lebewesen (als Schmarotzer) zugeordnet ist.
Trachee = röhrenförmiges Atmungsorgan der meisten Gliedertiere
Umwelt = Gesamtheit der auf einen Organismus von außen einwirkenden Faktoren
Vagina = weibliche Scheide
Vitalität = Lebenskraft, Lebendigkeit
Zwitter = Lebewesen, das sowohl männliche als auch weibliche Geschlechtsorgane hat

Definition der Höhenstufen

(nach Binz/Heitz: Schul- und Exkursionsflora für die Schweiz. 18. Auflage)

Kollin = kolline Stufe oder Hügelstufe, bis zur oberen Grenze der Rebkultur; bis 600 (800) m.
Montan = montane Stufe oder Bergstufe (Laubwaldstufe), von der Grenze der Rebkultur bis zur oberen Grenze des Laubwaldes; bis 1300 (1700) m. In den Alpentälern mit kontinentalem Klima wird der Laubwald durch den Föhrenwald (gebildet durch Pinus silvestris) ersetzt.
Subalpin = subalpine Stufe (Nadelwaldstufe), von der Grenze des Laubwaldes bis zur Baumgrenze; bis 1900 (2250) m.
Alpin = alpine Stufe, von der Baumgrenze bis zur Schneegrenze; bis 2500 (3200) m.
Nival = nivale Stufe oder Schneestufe, von der Schneegrenze aufwärts.

In Klammern gesetzte Angaben über die Höhenverbreitung, etwa (montan-)subalpin-alpin, bedeuten, daß die vertikale Hauptverbreitung in der subalpinen bis alpinen Stufe liegt, ein Vorkommen in der montanen Stufe zwar möglich, aber eher selten ist.

Artenverzeichnis

Biene siehe Honigbiene
Bienenfresser *(Merops apiaster)* 52
Bienenwolf (Buntkäfer) *(Trichodes apiarius)* 76
Bienenwolf (Grabwespe) *(Philanthus coronatus)* 76
Bienenwolf (Grabwespe) *(Philanthus triangulum)* 76 – 81
Blattschneiderbiene, Gemeine
(Megachile centuncularis) 64 – 67
Blaukehlchen *(Luscinia svecica)* 52
Brackwespen *(Braconidae)* 60
Breitkölbchen, Zweiblättriges *(Platanthera bifolia)* 9
Brennessel, Große *(Urtica dioeca)* 36, 37
Buschwindröschen *(Anemone nemorosa)* 45
Faulbaum *(Rhamnus frangula)* 43, 53
Flieder *(Syringa vulgaris)* 65
Fliegenschnäpper, Grauer *(Muscicapa striata)* 52
Flockenblume, Gemeine *(Centaurea jacea)* 43
Flußregenpfeifer *(Charadrius dubius)* 72
Frauenschuh *(Cypripedium calceolus)* 13, 14
Gabelschwanz, Großer *(Dicranura vinula)* 58 – 63
Goldwespe *(Chrysis sp.)* 74, 80
Gottesanbeterin *(Mantis religiosa)* 25 – 31
Grabwespe *(Gorytes sp.)* 12, 13
Hagrose *(Rosa canina)* 55, 65
Hainbuche *(Carpinus betulus)* 65
Haussperling *(Passer domesticus)* 40
Honigbiene *(Apis mellifica)* 46 – 48, 64, 68, 76 – 81
Hornisse *(Vespa crabro)* 50, 51
Hornissenschwärmer *(Aegeria apiformis)* 49 – 53
Klatschmohn *(Papaver rhoeas)* 68, 69
Knabenkraut, Kleines *(Orchis morio)* 9, 10, 11
Kohlmeise *(Parus major)* 61
Kornblume *(Centaurea cyanus)* 68, 69
Mauerbiene, Mohn- *(Osmia papaveris)* 68, 69
Mauerbiene, Rote *(Osmia rufa)* 68, 69
Mauerbiene, Zweifarbige *(Osmia bicolor)* 68 – 71
Nachtpfauenauge, Großes *(Saturnia pyri)* 54
Nachtpfauenauge, Kleines *(Eudia pavonia)* 54 – 57
Pappel siehe Schwarzpappel
Pillenwespe, Gemeine *(Eumenes pedunculatus)* 72 – 75
Pillenwespe, Große *(Eumenes unguiculatus)* 75
Purpurweide *(Salix purpurea)* 47
Ragwurz, Bienen- *(Ophrys apifera)* 10, 12
Ragwurz, Fliegen- *(Ophrys insectifera)* 10, 12
Ragwurz, Hummel- *(Ophrys fuciflora)* 10, 11
Ragwurz, Spinnen- *(Ophrys sphecodes)* 10
Raupenfliege *(Sphecapate sp.)* 80
Reh *(Capreolus capreolus)* 85
Robinie *(Robinia pseudoacacia)* 65
Rotfuchs *(Vulpes vulpes)* 85
Rotkehlchen *(Erithacus rubecula)* 52
Sandlaufkäfer, Feld- *(Cicindela campestris)* 32 – 35
Schlammfliege *(Sialis fuliginosus)* 10, 11
Schlehdorn *(Prunus spinosa)* 42
Schmetterlingsstrauch *(Buddleja davidii)* 40
Schwarzpappel *(Populus nigra)* 42, 50, 58
Segelfalter *(Iphiclides podalirius)* 42
Singdrossel *(Turdus philomelos)* 52
Tagpfauenauge *(Inachis io)* 36 – 40, 45
Tigerspinne *(Argyope bruennichii)* 19 – 24
Trugameise *(Methocha ichneumonoides)* 35
Weinbergschnecke *(Helix pomatia)* 15 – 18, 31, 68 – 70
Wespenbussard *(Pernis apivorus)* 52
Wiesensalbei *(Salvia pratensis)* 46 – 48
Yucca-Motte *(Pronuba yuccasella)* 44
Yucca-Pflanze *(Yucca filamentosa)* 44
Zickzackspinner *(Notodonta ziczac)* 42
Zitronenfalter *(Gonepteryx rhamni)* 43, 53
Zweiblatt, Großes *(Listera ovata)* 10, 11